D1693036

50 Jahre – 50 Köpfe

50 Jahre – 50 Köpfe

50 Jahre Begabtenförderung

Konrad-Adenauer-Stiftung e.V.
Sankt Augustin | Berlin 2015

Eine Veröffentlichung der Konrad-Adenauer-Stiftung e.V.

© 2015 Konrad-Adenauer-Stiftung e.V.,
Sankt Augustin | Berlin

Das Werk ist in allen seinen Teilen urheberrechtlich geschützt. Jede Verwertung ist ohne Zustimmung der Konrad-Adenauer-Stiftung e. V. unzulässig. Das gilt insbesondere für Vervielfältigungen, Übersetzungen, Mikroverfilmungen und die Einspeicherung in und Verarbeitung durch elektronische Systeme. Dies gilt auch für das Internet.

Dank gilt den Rechteinhabern aller im Buch abgebildeten Fotos für die freundliche Genehmigung zum Abdruck. Trotz sorgfältiger Recherche konnten nicht in allen Fällen die Inhaber der Bildrechte zweifelsfrei ermittelt werden. Sofern Sie eine Inhaberschaft nachweisen, erhalten Sie ein angemessenes Honorar.

Konrad-Adenauer-Stiftung e.V.
Begabtenförderung und Kultur
Rathausallee 12, 53757 Sankt Augustin
E-Mail: zentrale-bk@kas.de
Internet: www.kas.de/stipendium

Redaktion: Dr. Wolfgang-Michael Böttcher
Gestaltung und Satz: SWITSCH KommunikationsDesign, Köln
Druck und buchbinderische Verarbeitung:
Druckerei Paffenholz, Bornheim

Printed in Germany

Gedruckt mit finanzieller Unterstützung durch die Bundesrepublik Deutschland

ISBN 978-3-95721-104-0

Liebe Leserinnen und Leser,

50 Jahre Begabtenförderung der Konrad-Adenauer-Stiftung – das ist ein Anlass, mit Dank und Stolz zurückzublicken. Über 13.000 Stipendiatinnen und Stipendiaten wurden in diesen Jahren gefördert, aktuell werden an die 3.400 junge Menschen finanziell unterstützt und durch die ideelle Förderung in ihrer Entwicklung gestärkt.

Die 50 Persönlichkeiten, die dieses Buch vorstellt, können nur ein kleiner Ausschnitt aus unserer Geschichte der Begabtenförderung sein. Und doch verkörpern sie für jedes der fünf Jahrzehnte Menschen, die den Werten der Konrad-Adenauer-Stiftung treu geblieben sind. Ob in Wirtschaft, Politik oder Medien, Kultur, Bildung oder der Wissenschaft: Es sind Menschen, die sich für ein „Mehr" an Erkenntnis, ein „Mehr" an Verantwortung und ein „Mehr" an Zusammenhalt engagieren, die auf die Person, auf Solidarität und Subsidiarität setzen. Dies ist ganz im Sinne Konrad Adenauers, der die Erziehung „zu dem Willen und der Fähigkeit, sich als freier Mensch verantwortungsbewusst in das Ganze einzuordnen", als wichtiges Ziel beschrieben hat.

In den vergangenen 50 Jahren hat es immer wieder Einschnitte und Meilensteine gegeben. Besonders bemerkenswert ist, dass bereits 1970 die ersten Ausländer in die Förderung aufgenommen wurden. Es sind diese talentierten jungen Menschen, die später in ihrem Heimatland für die Demokratie, den Aufbau der Zivilgesellschaft oder auch für die europäische Verständigung eingetreten sind. Ebenso ist es hervorzuheben, dass die Stiftung 1990 bereits vor der Wiedervereinigung die ersten Stipendiaten aus der DDR ausgewählt hat, um einen Beitrag zur inneren Einheit zu leisten.

In dem vorliegenden Buch sind 50 Wünsche für die Begabtenförderung ausgesprochen. Als Altstipendiat möchte ich einen 51. Wunsch hinzufügen: Ich hoffe, dass die künftigen Stipendiaten helfen, die Demokratie zu stärken – in Deutschland, Europa und weltweit!

Dr. Hans-Gert Pöttering
*Präsident des Europäischen Parlaments a.D.
Vorsitzender der Konrad-Adenauer-Stiftung*

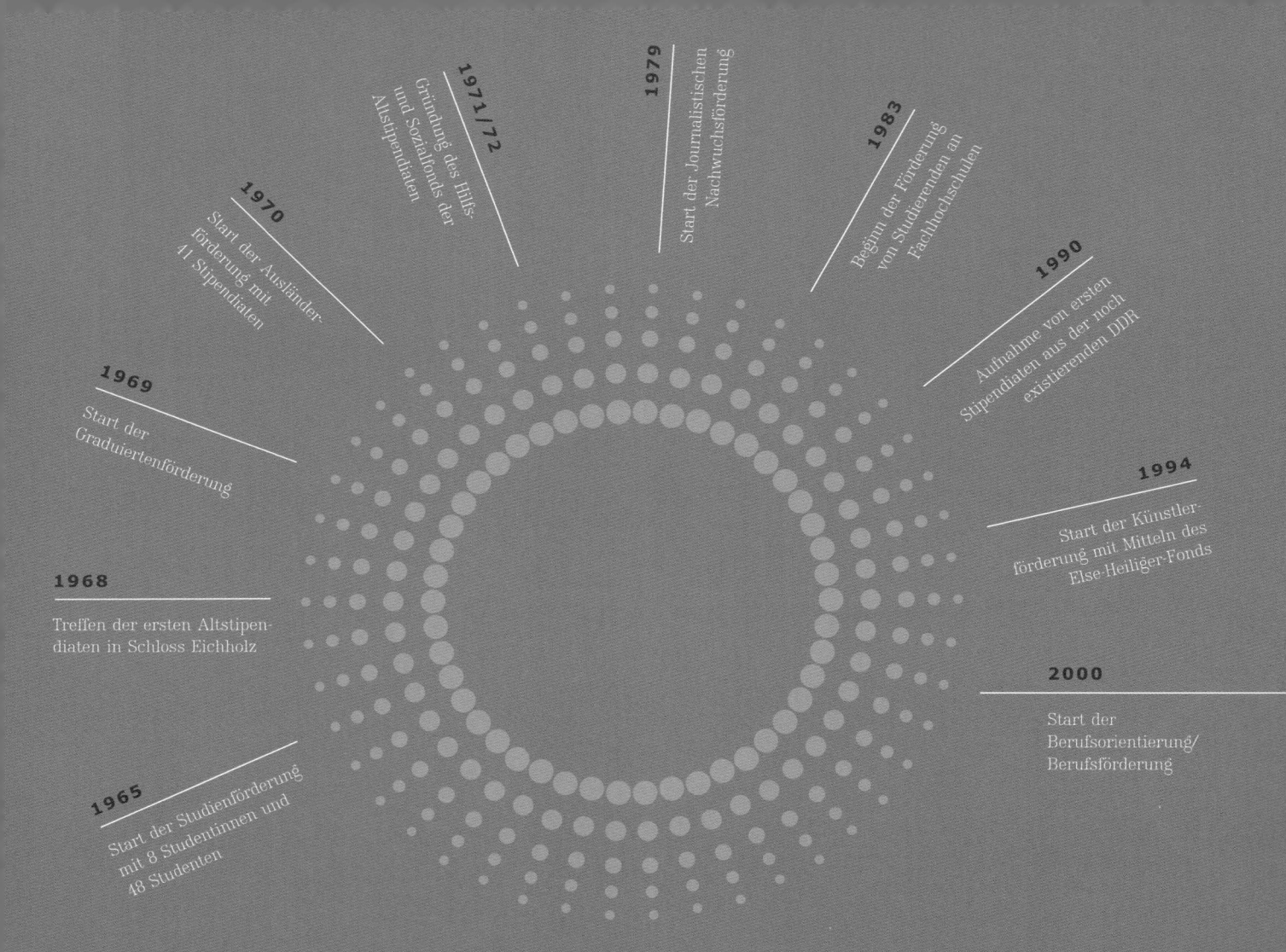

1970
Start der Ausländerförderung mit 41 Stipendiaten

1971/72
Gründung des Hilfs- und Sozialfonds der Altstipendiaten

1979
Start der Journalistischen Nachwuchsförderung

1983
Beginn der Förderung von Studierenden an Fachhochschulen

1990
Aufnahme von ersten Stipendiaten aus der noch existierenden DDR

1969
Start der Graduiertenförderung

1994
Start der Künstlerförderung mit Mitteln des Else-Heiliger-Fonds

1968
Treffen der ersten Altstipendiaten in Schloss Eichholz

2000
Start der Berufsorientierung/ Berufsförderung

1965
Start der Studienförderung mit 8 Studentinnen und 48 Studenten

2002

Gründung der
Journalisten-Akademie

2007

Beginn des durch Mittel-
aufstockung des BMBF
bedingten starken Aufwuch-
ses der Stipendiatenzahlen

2013

Gründung des Vereins
„Altstipendiaten
der Konrad-Adenauer-
Stiftung e. V."

2015

Start der
Habilitationsförderung

Profil und Partizipation
50 Jahre Begabtenförderung der Konrad-Adenauer-Stiftung

„Am Ende des Berichtsjahres gehörten der Studienförderung 56 Stipendiaten an, unter ihnen 8 Studentinnen. Sie studierten an 16 deutschen und 1 ausländischen Hochschulort (Wien). Folgende Studienrichtungen waren vertreten: Philosophie (19), Rechtswissenschaften (15), Wirtschaftswissenschaften (8), Sozialwissenschaften (5), Medizin (3), Theologie (2, je 1 evangelisch und katholisch), Chemie, Maschinenbau, Architektur, Wirtschaftsingenieurwissenschaften (je 1). 17 Stipendiaten erhielten ein Vollstipendium von 320,– DM monatlich (Grundstipendium 250,– DM, Büchergeld 70,– DM), 23 ein Teilstipendium und 16 nur das Büchergeld. An der ersten Ferienakademie vom 8. bis 22.8. in Eichholz nahmen 16 Stipendiaten teil. Arbeitsthemen waren ‚Die Ordnung von Staat, Wirtschaft und Gesellschaft' und ‚Politische Ideen und Parteiwesen in Deutschland'."

In dieser Weise gibt der u. a. von Staatssekretär a. D. Professor Müller-Armack unterschriebene Jahresbericht für 1965 über den Beginn der Begabtenförderung der Konrad-Adenauer-Stiftung Rechenschaft. An diesem kleinen Abschnitt lassen sich sowohl die Kontinuität in der Begabtenförderung wie auch ihre Entwicklung ablesen.

Viele Übereinstimmungen zwischen damals und heute sind frappierend: die Vielfalt der Fächer etwa oder die Themen der Seminare. Die Unabhängigkeit der Auswahlkomitees als Instrument der Qualitätssicherung wurde früh festgelegt; auch die Begleitung durch Vertrauensdozenten vor Ort in den Hochschulgruppen hat damals eingesetzt. Ebenso hat das Stichwort Internationalisierung schon in den ersten Jahren eine Rolle gespielt: Die Stipendiaten wurden zu Auslandssemestern motiviert. In der Ausländerförderung selbst blieb es Prinzip, dass immer ein Schwerpunkt auf diejenigen Herkunftsländer gelegt wurde, die auf ihrem Weg zur Demokratie zu unterstützen ein Gebot der Stunde war. Und schließlich sollte auch erwähnt sein, dass auf unseren Seminaren damals wie heute Freundschaften (hin und wieder auch der Bund) fürs Leben geschlossen werden.

Die Entwicklung lässt sich zunächst mit bloßen Zahlen beschreiben: Aus den 56 Stipendiaten des ersten Jahrgangs sind mittlerweile nahezu 3500 geworden, dazu kommen noch ca. 10.000 Altstipendiaten im In- und 3000 im Ausland. Aber auch die Förderarten haben sich erweitert: 1969 kam die Promotionsförderung hinzu. Ab 1970 wurden mit Mitteln des Auswärtigen Amtes auch ausländische Studierende gefördert, zunächst mit einem Schwerpunkt auf Lateinamerika, später – nach 1989 – mit besonderem Fokus auf die mittel- und osteuropäischen Länder. Die Gründung der Journalistischen Nachwuchsförderung folgte 1979 in dem Bewusstsein, dass eine funktionierende Demokratie auf kompetente und verantwortungsvolle Journalisten angewiesen ist. Mit dem Nachlass von Else Heiliger begann 1994 die Künstlerförderung, vor allem in den Bereichen Bildende Kunst, Literatur und Tanz. Für eine politische Stiftung ist diese Förderart bis heute außergewöhnlich. Jüngst hinzugekommen ist die Förderung von Habilitanden der Neuesten Geschichte, Zeitgeschichte und Politikwissenschaft; ein erstes Stipendium wurde im Juli 2015 vergeben. Eine zunehmende Bedeutung innerhalb der ideellen Förderung haben die Berufsorientierung und die Entwicklung personaler Kompetenzen erlangt. Hier kommt auch das große Netzwerk der Altstipendiaten ins Spiel, die am Kontakt mit dem Fachkräftenachwuchs reges Interesse zeigen.

Über die Geschichte der ersten 40 Jahre geben zahlreiche Aufsätze Auskunft, besonders verwiesen sei auf den 2005 von Günther Rüther und Burkard Steppacher herausgegebenen Jubiläumsband „talente entdecken – talente fördern – 40 Jahre Begabtenförderung". Deshalb soll im Folgenden der Fokus auf die vergangenen 10 Jahre gelegt werden.

Während im Frühjahr 2005 anlässlich des 40-jährigen Jubiläums der Begabtenförderung der Stiftung noch beklagt wurde, dass die Bundesmittel und damit die Stipendiatenzahlen seit Jahren stagnierten, rückte die Begabtenförderung mit der neuen Bundesregierung unter Angela Merkel in den Mittelpunkt der Bildungspolitik. Bundesministerin Annette Schavan – Altstipendiatin der Konrad-Adenauer-Stiftung – gab bekannt, dass künftig ein Prozent aller Studierenden ein Stipendium von einem der damals 11 Begabtenförderwerke erhalten sollte. Zuvor waren es nur 0,5 Prozent. Dieser Schritt stand im Kontext einer Offensive für Bildung und Forschung, die etwa in der Exzellenzinitiative oder dem Hochschulpakt ihren Ausdruck fand und mit dem 6 Milliarden Euro-Paket konkret unterlegt wurde. Ziel war, Deutschland zu einer „international anerkannten Talentschmiede" zu entwickeln. Ein erheblicher Mittelaufwuchs auch für die Begabtenförderwerke war die Folge, der Haushaltstitel stieg von 80 Millionen Euro im Jahr 2005 auf 230 Millionen Euro im Jahr 2015, nachdem auch die Studienkostenpauschale (früher: Büchergeld) auf 300 Euro angehoben wurde.

Mein Vorgänger Professor Dr. Günther Rüther hat die Chance ergriffen, mehr junge Menschen, die begabt und im Sinne der Konrad-Adenauer-Stiftung engagiert sind, mit einem Stipendium zu fördern. Die Zahl unserer Stipendiaten hat sich von ca. 1700 im Jahr 2005 bis heute tatsächlich verdoppelt. Die enormen Anstrengungen, die für diese Leistung notwendig waren, erbrachten die Kolleginnen und Kollegen in der Hauptabteilung, die Vertrauensdozentinnen und Vertrauensdozenten sowie die Altstipendiatinnen und Altstipendiaten, die sich unverdrossen an doppelt so vielen Auswahltagungen engagierten.

Der Aufwuchs der Stipendiatenzahl wurde mit einer Strategie für neue Zielgruppen verbunden: Besonders sollten diejenigen jungen Menschen, die nicht aus einem akademischen Elternhaus kommen, die einen Migrationshintergrund haben oder an einer Fachhochschule studieren, auf die Fördermöglichkeiten aufmerksam gemacht und zu Beginn des Studiums begleitet werden. Beispielhaft setzt das mittlerweile von den Altstipendiaten unterstützte Senkrechtstarter-Programm dieses Anliegen um.

Die angestiegenen Bewerberzahlen und eine Vielzahl von neuen Prüfern in den Auswahlverfahren machten eine Aufgabe unaufschiebbar: die Qualitätssicherung des Auswahlverfahrens durch die Neufassung der Auswahlkriterien und die Einführung einer Bewertungsmatrix. Um die bei der Neuaufnahme attestierte Entwicklungsperspektive explizit zu machen, wurden verbindliche Zielvereinbarungsgespräche zwischen den Stipendiaten und den verantwortlichen Referenten eingeführt, die den Stand des Studiums ebenso zum Gegenstand haben wie das aktuelle Engagement oder auch die berufliche Perspektive. Diese wird angesichts der rasant wachsenden Möglichkeiten in einer globalisierten Welt und angesichts des demographischen Wandels immer wichtiger. Der offenkundige Bedarf in öffentlicher Verwaltung oder Wirtschaft macht ein gezieltes Matching der Interessenten beider Seiten notwendig, was erfolgreich praktiziert wird. Aber auch die Kontakte innerhalb der Wissenschaft zu vertiefen, ist ein wesentliches Anliegen. Ein Promotionskolleg zum Thema Soziale Marktwirtschaft wurde ins Leben gerufen, das seine Ergebnisse auch der interessierten Öffentlichkeit vorstellt.

In allen Bereichen spielen Kontakte zu den Ehemaligen eine große Rolle. Durch die Gründung des „Altstipendiaten der Konrad-Adenauer-Stiftung e.V.", der sein Handeln unter das Motto „Zurückgeben und Weitergeben" stellt, hat sich die Zusammenarbeit mit der Stiftung, aber auch der Austausch mit den Stipendiaten intensiviert. Die neue Internetplattform campus.kas.de soll in einem nächsten Schritt durch soziale Netzwerkfunktionalitäten ergänzt werden, so dass die Kontaktaufnahme unkompliziert möglich sein wird.

Profil und Partizipation sind für uns keine leeren Hülsen. Die Begabtenförderung vermittelt ihren Stipendiaten, welches Bild von Demokratie sie hat, wenn sie von Bürgergesellschaft und Beteiligung spricht. Die Zusammenarbeit mit den verfassten Gruppen der Altstipendiaten, der Stipendiaten und der Vertrauensdozenten ist für die Stiftung ein Teil dieses Auftrags, der 2011 mit der Konstituierung eines Stipendiatenbeirates umgesetzt wurde. Dieser wird im Rahmen ihrer Jahrestagung von allen anwesenden Hochschulgruppensprechern gewählt; seine satzungsgemäße Aufgabe ist es, die Anliegen aller Stipendiaten gegenüber der Stiftung zu vertreten. Ihm zur Seite gestellt wurde 2014 die Bildungskommission, die mit Vertretern der Stipendiaten und der Stiftung besetzt ist und die die ideelle Förderung, besonders die Weiterentwicklung des Seminarprogramms, begleitet. Damit werden die Stipendiaten in die Gestaltung der Förderung einbezogen und in ihrer Bereitschaft unterstützt,

Verantwortung für andere zu übernehmen. In einem gemeinsamen Gespräch beschlossen der Vorstand der Altstipendiaten, der Stipendiatenbeirat, der Sprecherrat der Vertrauensdozenten und die Stiftung Anfang 2015, dass jede Gruppe ihr Selbstverständnis formuliert. Damit haben alle Beteiligten unterstrichen, dass ihnen Transparenz, Verbindlichkeit und engere Zusammenarbeit besondere Anliegen sind.

Vergegenwärtigt man sich die Situation an deutschen Hochschulen, dann erkennt man rasch, wie stark das politische Interesse der Studierenden zurückgegangen ist: von 46 Prozent im Jahr 2001 auf 32 Prozent 2013, wie der 12. Studierendensurvey belegt. In den Bewerbungen spiegelt sich dieser Befund wider. Dennoch bzw. gerade deshalb bleiben wir – neben der fachlichen Leistung – bei den klaren Auswahlkriterien eines vitalen politischen Interesses, der Nähe zu den Werten der Konrad-Adenauer-Stiftung und eines gelebten Engagements. Angesichts der beschriebenen Stimmung an deutschen Hochschulen ist es umso wichtiger, dass unsere Stipendiaten argumentationsfähig sind, dass sie für Politik und Demokratie insgesamt einstehen. Denn an den Hochschulen lässt sich nicht nur eine fehlende parteipolitische Auseinandersetzung konstatieren, sondern eine grundlegende Indifferenz gegenüber demokratischen Prozessen überhaupt. So ist die Tatsache, dass die Anzahl der labilen oder gar distanzierten Demokraten unter den Studierenden in den letzten 20 Jahren von 31 auf 46 Prozent gestiegen ist, ein Grund, das Interesse an der res publica, an den Grundlagen unserer Demokratie nachhaltig zu stärken. Für uns heißt das: Das Verantwortungsbewusstsein jedes und jeder Einzelnen ist zu festigen. Es ist sowohl in der Wissenschaft wie in der Politik bedeutender denn je. Dazu braucht es einerseits die fachliche Expertise – die ‚Leidenschaft für die Sache'. Andererseits ist es aber auch geboten, die personalen Kompetenzen unserer Stipendiaten zu schulen, damit sie imstande sind, wie sie es selbst formulieren, „Wertebotschafter" zu werden. Sie sollen – wie in dem Format „KAS trifft Politik" vorgesehen – gegenüber Politikern ihre Fragen und Positionen überzeugend einbringen und im eigenen Umfeld wiederum überzeugend vertreten können. Und schließlich hoffen wir, dass sie dem widerstehen, was Max Weber als die Gefahr der entzauberten arbeitsteiligen Gesellschaft bezeichnet hat: „Fachmenschen ohne Geist" und „Genussmenschen ohne Herz" zu werden. Unsere Demokratie braucht aber „Fachmenschen mit Herz". In diesem Sinne hoffen wir zuversichtlich auf die Stipendiaten der nächsten 50 Jahre!

Dr. Susanna Schmidt
Leiterin der Hauptabteilung Begabtenförderung und Kultur

1965 bis 1975 •••••

Herbert Henzler | Unternehmensberater

Stipendiat 1965 bis 1970

Geboren 1941

Studium der Betriebswirtschaft und Promotion

Herbert Henzler begann seine Karriere 1970 bei McKinsey & Company. 2002 verließ er als Europachef die international agierende Unternehmens- und Strategieberatung nach über 30 Jahren Beratertätigkeit. Zu seinen Klienten zählten einige der größten Unternehmen Deutschlands. Seine zukunftsweisenden Analysen werden bis heute von Managern und Politikern geschätzt.

Von 2004 bis 2009 war er Vorsitzender des Wissenschaftlich-Technischen Beirats (WTB) der Bayerischen Staatsregierung.

Von 2010 bis 2012 saß er dem Zukunftsrat vor; zuletzt übernahm er die Führung in der Start-up-Initiative Bayern.

Er veröffentlichte zahlreiche Bücher und Artikel zu Strategie und Management von Unternehmen und zu allgemeinen wirtschafts- und sozialpolitischen Themen.

Seit 1986 Honorarprofessor an der BWL-Fakultät der LMU in München

„Archetypen, die die Welt verändern"

Wie lautet Ihr Lebensmotto?
Carpe diem

An was glauben Sie?
An die christlich-abendländische Wertegemeinschaft

Welche Eigenschaften schätzen Sie an einem Menschen besonders?
Mut

Welche Reform war ein wirklicher Fortschritt?
Das Grundgesetz von 1949

Freiheit bedeutet für mich …
Aufbrechen, wohin ich will

Wenn ich an mein KAS-Stipendium denke …
eine großartige Förderung zur richtigen Zeit – gewissermaßen ein LCE-life changing event

Für die nächsten 50 Jahre wünsche ich der KAS-Begabtenförderung …
Attrahierung vieler Archetypen, die die Welt verändern wollen

Wenn ich an Deutschland denke …
ein faszinierendes Land – leider ein wenig zu hedonistisch

Esteban Tomic

Botschafter a. D.

- Stipendiat 1965 bis 1967
- Geboren 1942
- Studium der Rechtswissenschaft
- Von 1964 bis 1967 Doktorand in Politikwissenschaft bei Prof. Dr. Richard Löwenthal, Freie Universität Berlin
- Ab 1968 Leiter der Wirtschaftsabteilung des chilenischen Außenministeriums
- Von 1971 bis 1973 Gesandter der chilenischen Botschaft in Bonn
- Von 1973 bis 1984 im Exil in Rom und Caracas, Gründung des „Chile America" Exil-Magazins
- Von 1992 bis 2000 Ratsmitglied der Stadt Las Condes
- Von 2000 bis 2006 Botschafter Chiles bei der Organisation Amerikanischer Staaten (OAS)
- Heute Anwalt und Berater, Mitglied des Verwaltungsrats des Instituts Centro Democracia y Comunidad (CDC)

> „Freiheit bedeutet die Möglichkeit, die eigenen Grenzen kennen zu lernen."

Wie lautet Ihr Lebensmotto?
Fuerza y Alegría (Kraft und Freude)

An was glauben Sie?
Wissen ist wichtiger als Glauben.
An Gott glaube ich doch.

Welche Eigenschaften schätzen Sie an einem Menschen besonders?
Die Großzügigkeit, Einsichtigkeit und Offenheit eines Menschen

Welche Reform war ein wirklicher Fortschritt?
Die protestantische

Freiheit bedeutet für mich …
die Möglichkeit, die eigenen Grenzen kennenzulernen.

Wenn ich an mein KAS-Stipendium denke …
war es eine Erfahrung, die mein Leben grundlegend gestaltet hat. Es war ein Wendepunkt in meinem Leben.

Für die nächsten 50 Jahre wünsche ich der KAS-Begabtenförderung …
eine erfolgreiche Weiterarbeit.

Wenn ich an Deutschland denke …
habe ich zweifelsohne eine zweite Heimat gewonnen. Ihr Schicksal, mit Größen und Schwächen, trage ich wie meine Kinder und Enkelkinder. Eines meiner Ziele im Leben ist es gewesen, dabei mitzuhelfen, dass diese beiden Länder, zu denen ich gehöre, Chile und Deutschland, näher aneinander rücken.

Ursula Männle | Politikerin

Stipendiatin 1965 bis 1969

Geboren 1944

Studium der Politikwissenschaft

Assistentin an der Akademie für Politische Bildung in Tutzing

Von 1976 bis 2009 Professorin an der Katholischen Stiftungsfachhochschule für Sozialwesen

1979/80 und von 1983 bis 1994 Mitglied des Deutschen Bundestages

Von 1994 bis 1998 Bayerische Staatsministerin für Bundesangelegenheiten

Von 2000 bis 2013 Mitglied des Bayerischen Landtags

Zahlreiche Ehrenämter u. a. seit Mai 2014 als Vorsitzende der Hanns-Seidel-Stiftung

„Immer wieder neu anfangen!"

Wie lautet Ihr Lebensmotto?
Sich nicht unterkriegen lassen ... immer wieder neu anfangen!

An was glauben Sie?
Immer noch, dass der Einzelne etwas bewirken kann, wenn er sich engagiert, am besten aber mit anderen Gleichgesinnten. Das gilt natürlich auch für die Einzelne!

Welche Eigenschaften schätzen Sie an einem Menschen besonders?
Offenheit, Zuverlässigkeit

Welche Reform war ein wirklicher Fortschritt?
Auf keinen Fall die ständigen Steuerreformen, und auch nicht die vielen Gesetzesänderungen, die unter dem Begriff Reform laufen. Vielleicht aber die Rentenreform von 1957, sie bedeutete einen echten Paradigmenwechsel und war ein wichtiger sozialpolitischer Schritt.

Freiheit bedeutet für mich ...
eigenständig gestalten zu können.

Wenn ich an mein KAS-Stipendium denke ...
erinnere ich mich an die Heimfahrt von der Auswahltagung: Ich werde nie aufgenommen, glaubte ich. Auch an den Ehrgeiz, gute Scheine vorzulegen, aber insbesondere an die Akademien mit den Möglichkeiten, über das eigene Studienfach hinauszublicken, die Diskussionen und Auseinandersetzungen mit den interessanten Konstipendiaten und den Höhepunkt: die Studienreise nach Rom.

Für die nächsten 50 Jahre wünsche ich der KAS-Begabtenförderung ...
weiterhin eine glückliche Hand bei der Auswahl der Stipendiaten und dem Ausbau des Netzwerkes sowie politische Rahmenbedingungen, die die Unabhängigkeit und eine ausreichende Finanzausstattung nicht nur für das Stipendium, sondern für die ideelle Förderung garantieren.

Wenn ich an Deutschland denke ...
bewundere ich als 1944 Geborene immer noch die Aufbauleistung der Elterngeneration, freue mich, dass ich das „Geschenk" der unblutigen Wiedervereinigung erleben und ein bisschen mitgestalten konnte, und bin immer wieder glücklich, wenn ich von Reisen in alle Welt in meine Heimat zurückkehre und sie mit anderen Ländern und Entwicklungen vergleiche. Dann bin ich stolz.

Adelaide Stronk

Rechtsanwältin

Stipendiatin 1968 bis 1971

Geboren 1948 in Heide/Dithmarschen. Verheiratet, drei Kinder

Studium der Rechtswissenschaft

Auslandsreferentin des AStA Mainz und des RCDS-Bundesvorstands in Bonn

1976 Ernennung als Richterin Nordrhein-Westfalen

1977 nach Geburt des 2. Kindes beurlaubt

1983 Ausscheiden aus dem Richterdienst aus familiären Gründen (Geburt des 3. Kindes und Umzug nach Berlin, da Ehemann Tätigkeit als Senatsdirektor beim Senator für Wirtschaft Elmar Pieroth im Richard von Weizsäcker-Senat aufnahm.)

Seit 1983 als Rechtsanwältin tätig, Tätigkeitsschwerpunkt: Opferanwältin

„Man muss handeln statt nur zu reden."

Wie lautet Ihr Lebensmotto?
Alles wird gut.

An was glauben Sie?
Dass man handeln muss statt nur zu reden.

Welche Eigenschaften schätzen Sie an einem Menschen besonders?
Empathie und Zuverlässigkeit

Welche Reform war ein wirklicher Fortschritt?
Elternzeit

Freiheit bedeutet für mich …
eine grundlegende Voraussetzung für ein menschenwürdiges Zusammenleben.

Wenn ich an mein KAS-Stipendium denke …
bin ich dankbar für eine spannende Zeit.

Für die nächsten 50 Jahre wünsche ich der KAS-Begabtenförderung …
eine gute Hand bei der Auswahl der Stipendiaten.

Wenn ich an Deutschland denke …
weiß ich, dass ich gerne hier lebe, könnte das aber auch an vielen anderen Orten auf der Welt.

Hermann Kues | Staatssekretär a.D.

Stipendiat 1970 bis 1976

Geboren 1949 in Holthausen, Landkreis Lingen. Katholisch, verheiratet, drei Töchter, Enkelkinder

Studium der Volkswirtschaft und Promotion

Von 1976 bis 1979 Jugendbildungsreferent (Münster)

Von 1979 bis 1984 stellvertretender Leiter des Ludwig-Windthorst-Hauses in Lingen

Von 1984 bis 1990 Staatskanzlei und Umweltministerium Hannover

Von 1991 bis 1994 Politischer Landesgeschäftsführer CDU Niedersachen

Von 1994 bis 2013 direkt gewähltes Mitglied des Deutschen Bundestages; u.a. stellv. Vorsitzender der CDU/CSU-Bundestagsfraktion

Von 2005 bis 2013 Parlamentarischer Staatssekretär bei der Bundesministerin für Familie, Senioren, Frauen und Jugend

Ehrenamtlich tätig als Vorsitzender der Ludwig-Windthorst-Stiftung, als Mitglied im Zentralkomitee der deutschen Katholiken und im Vorstand der Konrad-Adenauer-Stiftung

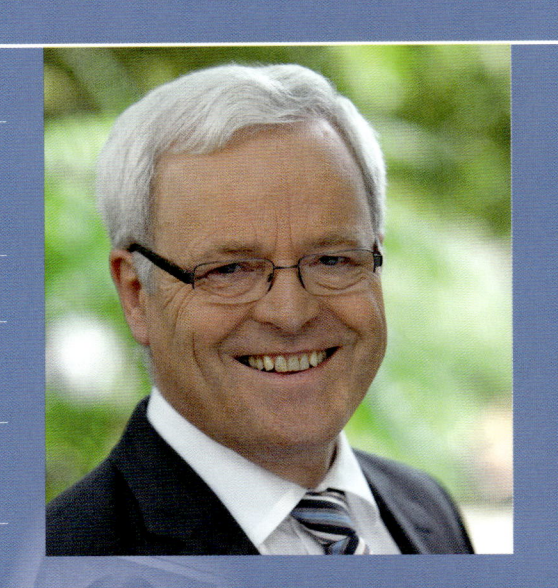

„Wirklich lebensklug wird man erst im Laufe der Zeit."

Wie lautet Ihr Lebensmotto?
Einem festen Lebensmotto folgt man kaum von Anfang an. Wirklich lebensklug wird man erst im Laufe der Zeit. Es geht darum, die Zeichen der Zeit zu erkennen, sich Ziele zu setzen und anzustrengen, gelassen zu bleiben und dankbar zu sein.

An was glauben Sie?
Ich vertraue auf einen Gott, der mich persönlich im Blick hat und der das Seine dazu tut, dass mein eigenes unvollkommenes Handeln nicht nur Stückwerk bleibt, und der mich so gelassen sein lässt.

Welche Eigenschaften schätzen Sie an einem Menschen besonders?
Authentizität, Zielstrebigkeit, Gelassenheit

Welche Reform war ein wirklicher Fortschritt?
Der Weg zum modernen Verfassungsstaat: Gleiches Recht für alle

Freiheit bedeutet für mich ...
die Chance, aus meinem Leben etwas machen zu können.

Wenn ich an mein KAS-Stipendium denke ...
bin ich dankbar, dass ich ohne finanzielle Sorge studieren konnte, viel gelernt habe und unterschiedlichsten Menschen begegnet bin.

Für die nächsten 50 Jahre wünsche ich der KAS-Begabtenförderung ...
dass sie vielen Menschen eine faire Chance gibt, ihre Talente unabhängig von der sozialen Herkunft zu entfalten.

Wenn ich an Deutschland denke ...
freue ich mich auf ein Land im vereinten Europa, das vielen Menschen eine sehr gute Lebenschance in Frieden und Freiheit gibt.

Ottheinrich Freiherr von Weitershausen

Chefvolkswirt a.D.

Stipendiat 1972 bis 1974

Geboren 1949. Verheiratet, drei Kinder

Studium der Volkswirtschaftslehre, Diplom-Volkswirt

Von 1969 bis 1970 Wehrdienst

Von 1975 bis 1977 Arbeitsgemeinschaft Deutscher Kraftwagenspediteure (Adekra) eG, Bonn

Von 1978 bis 2014 Bundesvereinigung der Deutschen Arbeitgeberverbände (BDA); u. a. Leiter Abteilung Volkswirtschaft, Finanzen, Steuern, Geschäftsführer Walter-Raymond-Stiftung, Leiter Abteilung Lohn- und Tarifpolitik, Geschäftsführer Institut für Sozial- und Wirtschaftspolitische Ausbildung (ISWA) e.V.

Ehrenamtliches Engagement als Vorsitzender des Vereins „Altstipendiaten der Konrad-Adenauer-Stiftung e.V."

„Das Leben ist schön!"

Wie lautet Ihr Lebensmotto?
Das Leben ist schön!

An was glauben Sie?
An den Schöpfergott!

Welche Eigenschaften schätzen Sie an einem Menschen besonders?
Verlässlichkeit, Verantwortung, Humor, Empathie, soziales & wirtschaftliches Handeln

Welche Reform war ein wirklicher Fortschritt?
Die Aufhebung von Zwangsbewirtschaftung und Preisbindung 1948 durch Ludwig Erhard und die Verabschiedung des Grundgesetzes 1949

Freiheit bedeutet für mich …
Entfaltung und Individualität, Selbständigkeit und Eigenverantwortung, Anstrengung und Risiko, also: Prosperität und Vielfalt.

Wenn ich an mein KAS-Stipendium denke …
kommen mir die drei Ferienakademien, damals noch 14 Tage lang, in den Sinn: die Grundakademie mit Staatssekretär a. D. Dr. Heinrich Barth, dem wir die Enttäuschung nicht ersparen konnten, dass der 100-Meter-Endlauf der Olympischen Spiele 1972 uns wichtiger war als das Akademie-Programm; die Aufbauakademie in einem ehemaligen Sanatorium am idyllischen Simssee bei Rosenheim, bei der Wilhelm Staudacher jede Dame charmant mit einer Rose begrüßte; und die USA-Akademie, bei der mich unser Delegationsleiter Wulf Schönbohm „Blaublut" nannte.

Für die nächsten 50 Jahre wünsche ich der KAS-Begabtenförderung …
volle Kassen und lebendige Stipendiaten.

Wenn ich an Deutschland denke …
bin ich ganz entspannt und fühle mich wohl.

Joachim von Braun

Direktor des Zentrums für Entwicklungsforschung an der Universität Bonn

Stipendiat 1972 bis 1975

Geboren 1950

Studium der Agrarwissenschaften. 1978 Promotion und 1983 Habilitation

Forschung zu wirtschaftlicher Entwicklung, Ernährung und Armut, Nachhaltigkeit, Innovation

Vorsitzender des Bioökonomierates der Bundesregierung. Vizepräsident der Welthungerhilfe

Von 2002 bis 2009 Generaldirektor des International Food Policy Research Institute (IFPRI) in Washington, D.C.

Mitglied von Akademien (acatech, Päpstliche Akademie der Wissenschaften, Nordrhein-Westfalen, American Association for the Advancement of Science; African Academy of Sciences)

„Ich freue mich über die wachsende Vielfalt der in Deutschland Lebenden."

Wie lautet Ihr Lebensmotto?
Humanität im Einklang mit der Natur

An was glauben Sie?
Chance für das Gute und Gott

Welche Eigenschaften schätzen Sie an einem Menschen besonders?
Die Haupttugenden à la Cicero

Welche Reform war ein wirklicher Fortschritt?
China 1979 und Osteuropa 1989

Freiheit bedeutet für mich …
die der Andersdenkenden; und die Grundlage sozialer und kultureller Entwicklung.

Wenn ich an mein KAS-Stipendium denke …
denke ich an Freunde; und die Auslandsakademie der KAS in Ägypten 1975, die mich zur Habilitations-Schrift über das Land anregte.

Für die nächsten 50 Jahre wünsche ich der KAS-Begabtenförderung …
im Altern jung zu bleiben.

Wenn ich an Deutschland denke …
freue ich mich über die wachsende Vielfalt der hier Lebenden; beruhigt mich unsere Innovationskraft in Wirtschaft und Wissenschaft.

Regina Görner | Ministerin a.D., Gewerkschafterin

Stipendiatin 1975 bis 1977

Geboren 1950 in Trier

Studium der Geschichte und Sozialwissenschaft. I./II. Staatsexamen für das Lehramt an Gymnasien. Promotion

Von 1985 bis 1989 persönliche Referentin der Bundesministerin/Bundestagspräsidentin Prof. Dr. Rita Süssmuth

Von 1990 bis 1999 Geschäftsführendes Vorstandsmitglied des DGB

Von 1999 bis 2004 Ministerin für Frauen, Arbeit, Gesundheit und Soziales im Saarland

Von 2005 bis 2011 Geschäftsführendes Vorstandsmitglied der IG Metall; Mitglied des Innovationskreises Berufliche Bildung der Bundesregierung

Seit 2010 Präsidentin des Europäischen Sozialen Dialogs in der Metall- und Elektroindustrie

Von 1978 bis heute Mitglied des CDA-Bundesvorstandes, seit 2013 stellvertretende Vorsitzende

Von 2000 bis heute Mitglied des CDU-Bundesvorstandes

Leidenschaftliche Chorsängerin. Bundesvorstandsmitglied im Arbeitskreis „Musik in der Jugend"

„Mut, Querköpfe zu fördern"

Wie lautet Ihr Lebensmotto?
Ich habe keines.

An was glauben Sie?
An Gott und die Menschen

Welche Eigenschaften schätzen Sie an einem Menschen besonders?
Witz, Aufrichtigkeit, Geradlinigkeit

Welche Reform war ein wirklicher Fortschritt?
Die Liturgiereform in der katholischen Kirche nach dem Zweiten Vaticanum. Die „Hartz-Reform" sicher nicht.

Freiheit bedeutet für mich ...
Spielraum und Verantwortung

Wenn ich an mein KAS-Stipendium denke ...
bin ich sehr dankbar für die Möglichkeit, dass ich ohne materielle Sorgen wissenschaftlich arbeiten durfte, aber auch für viele Anregungen und intellektuelle Herausforderungen.

Für die nächsten 50 Jahre wünsche ich der KAS-Begabtenförderung ...
den Mut, Querköpfe zu fördern.

Wenn ich an Deutschland denke ...
sehe ich ein Land der Vielfalt vor mir, das aus seinen Regionen lebt, seit Jahrhunderten geprägt von äußeren Einflüssen, die das Land kulturell, technisch und ökonomisch reich gemacht haben. Darüber freue ich mich jeden Tag, aber daneben steht die Scham über grauenvolle Tiefpunkte, die all dieser Reichtum nicht verhindern konnte.

Ferdinand Kirchhof | Vizepräsident des Bundesverfassungsgerichts

Stipendiat 1973 bis 1975

Geboren 1950

Studium der Rechtswissenschaft. Promotion, Habilitation

Seit 1986 Lehrstuhl für Öffentliches Recht, Finanz- und Steuerrecht an der Universität Tübingen

Seit 1993 Jean-Monnet-Chair der EU „European Fiscal Law"

Von 2003 bis 2004 gewählter Sachverständiger in der Kommission von Bundestag und Bundesrat zur Modernisierung der bundesstaatlichen Ordnung (Föderalismuskommission)

Von 2003 bis 2007 Mitglied des Staatsgerichtshofs Baden-Württemberg

Von 2006 bis 2009 Lehrauftrag an der Université Paris 1 (Panthéon-Sorbonne)

Seit 2007 Richter und seit 2010 Vizepräsident des Bundesverfassungsgerichts

Lehr- und Forschungsaufenthalte in Stellenbosch (Südafrika), Berkeley, Peking und Kyoto

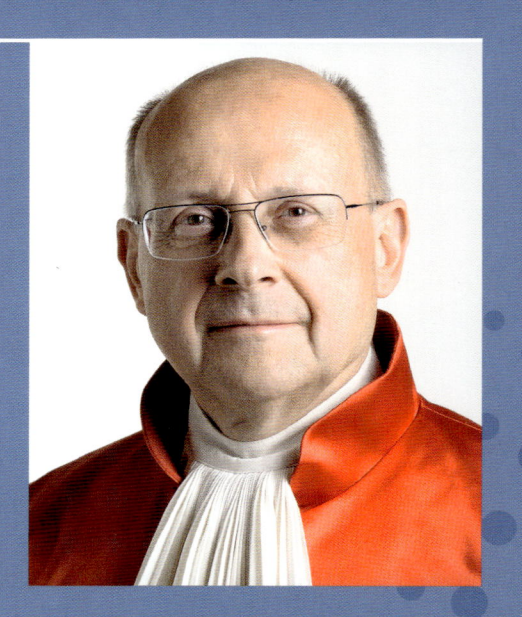

„Vorausschauende Politik bedarf einer gediegenen ethischen Diskussion ihrer Grundlagen."

Wenn ich an mein KAS-Stipendium denke ...
Die Begabtenförderung der Konrad-Adenauer-Stiftung war für mich weniger eine finanzielle Unterstützung im Jurastudium als eine willkommene, institutionalisierte Gelegenheit, Kommilitonen gleichen Sinnes kennenzulernen und mit ihnen in die gesellschaftspolitische Diskussion zu kommen.

Die gesamte Stiftung dient als „Think-Tank" der gedanklichen Durchdringung und Formierung christdemokratischer Politik. Eine geradlinige, christlichen Werten verpflichtete und vorausschauende Politik bedarf einer gediegenen ethischen Diskussion ihrer Grundlagen.

Für die nächsten 50 Jahre wünsche ich der KAS-Begabtenförderung ...
Deshalb wünsche ich auch deren Begabtenförderung, dass es ihr weiterhin gelingen möge, stets aufs Neue Studierende für gesellschaftliche Fragen zu begeistern und sie zur politischen Tätigkeit zu motivieren. Ich selbst habe in Seminaren und anderen Veranstaltungen der Stiftung viel über Gesellschaft und Politik gelernt und bin ihr bis heute eng verbunden.

Wenn ich an Deutschland denke ...
Deutschland hat es verdient, dass das in den letzten Dekaden Erreichte mit Selbstbewusstsein und Augenmaß weitergeführt wird, aber auch dass mutig neue Wege beschritten werden, wo es vor allem in Europa und in den weltweiten Beziehungen zu anderen Ländern erforderlich ist. Ich wäre glücklich, wenn die Konrad-Adenauer-Stiftung dazu – wie schon in den letzten 50 Jahren – weiterhin intellektuelle Unterstützung leisten und der politischen Alltagsarbeit eine verlässliche, durchdachte Basis bieten würde.

Monika Stolz | Ministerin a. D.

Stipendiatin 1971 bis 1974

Geboren 1951. Katholisch, verheiratet, vier Kinder

Studium der Volkswirtschaftslehre, Abschluss Diplom

Von 1974 bis 1977 Wissenschaftliche Referentin bei der Konrad-Adenauer-Stiftung

Von 1977 bis 1983 Studium der Humanmedizin mit Promotion

Bis 2005 als Ärztin tätig

Seit 2001 Mitglied des Landtags von Baden-Württemberg

Von 2005 bis 2006 Staatssekretärin im Ministerium für Kultus, Jugend und Sport des Landes Baden-Württemberg

Von 2006 bis 2011 Ministerin für Arbeit und Sozialordnung, Familie und Senioren des Landes Baden-Württemberg

> „Den eigenen Lebensweg in innerer Freiheit gehen zu können im freiheitlichen Rahmen."

Wie lautet Ihr Lebensmotto?
Frei nach Victor Hugo: Die Zukunft ist für Schwache das Unerreichbare, für Furchtsame das Unbekannte, für Tapfere die Chance.

An was glauben Sie?
An Gott und die Würde jedes einzelnen Menschen

Welche Eigenschaften schätzen Sie an einem Menschen besonders?
Ehrlichkeit, Verlässlichkeit und gelebtes soziales Miteinander

Welche Reform war ein wirklicher Fortschritt?
In der heutigen Zeit jede Reform, die die Folgen des demografischen Wandels im Auge hat (Rentenalter, Pflege, Arbeitsmarkt, Elternzeit).

Freiheit bedeutet für mich ...
zuallererst, dass die andere Seite dieser Medaille, die Verantwortung, mitgedacht werden muss. Den eigenen Lebensweg in innerer Freiheit gehen zu können im freiheitlichen Rahmen, den unser demokratischer Rechts- und Sozialstaat und unsere Verfassung vorgibt.

Wenn ich an mein KAS-Stipendium denke ...
denke ich an eine anstrengende Auswahltagung, an das Zusammensein mit interessanten jungen Menschen, an inspirierende Seminare, an eine tief beeindruckende Israelreise, an eine hilfreiche finanzielle Unterstützung während des Studiums.

Für die nächsten 50 Jahre wünsche ich der KAS-Begabtenförderung ...
dass es der KAS weiter gelingt, verantwortungsbewusste Persönlichkeiten, die sich ethischen Prinzipien verpflichtet wissen, in großer Zahl zu finden und nachhaltig zu fördern.

Wenn ich an Deutschland denke ...
bin ich stolz auf die Entwicklung des Landes in den letzten 50 Jahren. Ich hoffe, dass die Menschen ihre Tüchtigkeit, ihr demokratisches Bewusstsein und ihren Gemeinsinn bewahren und trotz Individualisierung und Globalisierung gemeinsame und solidarische Wege finden, die die Gesellschaft zusammenhalten. Die Verantwortung für das Leben am Anfang und am Ende gehört zwingend dazu.

1975 bis 1985

Ki-Su Lee | Universitätspräsident a.D.

Stipendiat 1977 bis 1983

Geboren 1945

Studium der Rechtswissenschaft. Promotion

Von 1984 bis 2011 Professor für Jura an der Korea-Universität

Von 2008 bis 2011 Präsident der Korea-Universität

Seit 2008 Präsident und Ehrenpräsident des ADeKo (Alumninetzwerk Deutschland-Korea)

Von 2010 bis 2011 Vorsitzender der Koreanischen Rektorenkonferenz

2010 Großes Verdienstkreuz des Verdienstordens der Bundesrepublik Deutschland

Seit 2010 Honorarprofessor, Yanbian Universität für Naturwissenschaft und Technologie

Von 2011 bis 2012 Distinguished Visiting Scholar, George Washington University Law School

Von 2011 bis 2013 Vorsitzender der Kommission für Strafzumessung des Koreanischen Obersten Gerichtshofs

Seit 2013 Präsident der Zivilkommission der oberen Staatsanwaltschaft

Seit 2014 Präsident, DAAD Alumni Association in Korea

„Deutschland bedeutet für mich mein zweites Vaterland."

Wie lautet Ihr Lebensmotto?
Nach der koreanischen Verfassung ist das Volk der Herr unserer Nation. Unter diese Verfassungsbestimmung habe ich mein Lebensmotto gestellt: „Mein kurzes Leben für das ewige Vaterland ‚Republik Korea'".

An was glauben Sie?
„盡人事待天命 Gininsadaecheonmyung". Dieser Spruch bedeutet: Man tut alles und wartet auf den Befehl des Himmels. In meiner Interpretation: Der Erfolg kommt von selbst, wenn man fleißig arbeitet. Daher ist das erste Gebot meines Lebens „Geduld mit Fleiß".

Welche Eigenschaften schätzen Sie an einem Menschen besonders?
Das Netzwerk zwischen den Menschen wird auf Treu und Glauben aufgebaut.

Welche Reform war ein wirklicher Fortschritt?
Die Einführung der Schulpflicht an der Grundschule nach der Gründung der Republik Korea. Heute können fast alle Koreaner lesen und 85 Prozent der Absolventen des Gymnasiums besuchen die Universität.

Freiheit bedeutet für mich ...
zugleich Verpflichtung und Verantwortung für mein Handeln.

Wenn ich an mein KAS-Stipendium denke ...
war es die Grundlage für alle meine Errungenschaften und die erste Stufe meiner Universitätskarriere. Kurz nach dem sechsjährigen Studium in Tübingen wurde ich Professor an der Korea-Universität und lehrte dort 27 Jahre als Jura-Professor.

Für die nächsten 50 Jahre wünsche ich der KAS-Begabtenförderung ...
dass das Networking zwischen den Altstipendiaten nicht nur in Korea stattfindet, sondern auch auf andere Länder erweitert wird. Zudem ist es für Korea wünschenswert, dass nicht zehn Stipendiaten in jedem zweiten Jahr, sondern jährlich mindestens fünf ausgewählt werden.

Wenn ich an Deutschland denke ...
Deutschland bedeutet für mich mein zweites Vaterland. Mein Doktorvater, Prof. W. Zöllner, ist für mich wie ein zweiter Vater, auch weil er mich menschlich beeinflusst hat. Mein Sohn promovierte bei ihm und mein Enkel wird dies ebenso tun.

Rafael Seligmann

Schriftsteller

Stipendiat 1978 bis 1980

Geboren 1947 in Tel Aviv, Israel.
Seit 1957 in Deutschland

Studium der Neuen Geschichte/Politischen
Wissenschaften. Promotion

Redakteur „Die Welt", Bonn

Von 1985 bis 1991 Akademischer Rat für Internationale Beziehungen an der LMU München

Seit 1989 Schriftsteller, Journalist

Seit 2011 Herausgeber
„Jewish Voice from Germany"

Bücher: u. a. Rubinsteins Versteigerung (1988),
Der Musterjude (1997), Der Milchmann (1999),
Hitler. Die Deutschen und ihr Führer (2004),
Deutschland wird dir gefallen (2009),
Jugendfrei. Aus Erfahrung klug (2014)

„Wenn ich an Deutschland denke, hege ich Genugtuung und Sorge zugleich."

Wie lautet Ihr Lebensmotto?
Glaube und Mut

An was glauben Sie?
An Gott

Welche Eigenschaften schätzen Sie an einem Menschen besonders?
Loyalität, Lebensfreude, Humor

Welche Reform war ein wirklicher Fortschritt?
Menschenrechte, Abschaffung der Sklaverei, Trennung von Kirche und Staat

Freiheit bedeutet für mich ...
tun zu können, was mir gefällt, wo und wann immer es mir gefällt, ohne andere zu beeinträchtigen.

Wenn ich an mein KAS-Stipendium denke ...
bin ich zufrieden. Denn das Stipendium war die materielle Basis, die es mir ermöglichte, meinen Doktor „zu bauen". Ebenso wichtig war es mir, Kommilitonen kennenzulernen, mit denen ich teilweise noch heute befreundet bin.

Für die nächsten 50 Jahre wünsche ich der KAS-Begabtenförderung ...
dass die Stipendiaten genauso gute Tage und Jahre erleben, wie es mir und meiner Generation ermöglicht wurde.

Wenn ich an Deutschland denke ...
hege ich Genugtuung und Sorge zugleich.

Genugtuung, dass wir in Freiheit und Wohlstand leben.

Es besorgt mich jedoch, dass eine zunehmende Zahl von Bürgern Angst vor Minderheiten hegt und aggressiv reagiert. Vor allem bei Zuwanderern. Andererseits verweigern immer mehr Jugendliche aus der islamischen Welt eine Integration in die deutsche Gesellschaft.

Susanne Langguth

Managerin

Stipendiatin 1975 bis 1978

Geboren 1953

Studium der Lebensmittelchemie

Von 1979 bis 1992 Geschäftsführung und wissenschaftliche Leiterin Bund für Lebensmittelrecht und Lebensmittelkunde e. V. (BLL)

Seit 1992 Direktorin Lebensmittelqualität und Allgemeine Verbraucherpolitik, Südzucker AG

Seit 2000 Vorstand BLL

Seit 2004 Vorstand Plattform Ernährung und Bewegung e. V.

Von 1989 bis 2003 Kuratorium Deutsche Bundesstiftung Umwelt

„Mitgestalten, Vertrauen schenken, Freunde schätzen"

Wie lautet Ihr Lebensmotto?
Mitgestalten, Vertrauen schenken, Freunde schätzen

An was glauben Sie?
An Gott, vor dem alle Menschen gleich sind, an Eigenverantwortung

Welche Eigenschaften schätzen Sie an einem Menschen besonders?
Aufgeschlossenheit, Direktheit, Verlässlichkeit

Welche Reform war ein wirklicher Fortschritt?
Die Entwicklung der Kommunikationstechnologien: Fax, Handy und Internet

Freiheit bedeutet für mich ...
ein Leben ohne Angst, bedeutet Lebensfreude, Selbstbestimmtheit, Grenzen erkennen.

Wenn ich an mein KAS-Stipendium denke ...
war das eine unbeschwerte und total interessante Zeit.

Für die nächsten 50 Jahre wünsche ich der KAS-Begabtenförderung ...
eine zeitgemäße Weiterentwicklung, intelligente Studierende, die erkennen, wie wichtig gesellschaftliches Engagement ist.

Wenn ich an Deutschland denke ...
denke ich an Heimat und Familie, Vertrautheit, Wohlstand, an die Wiedervereinigung und eine freundschaftliche Verbindung zu den USA.

Beate Neuss

Professorin für Internationale Politik

Stipendiatin 1978 bis 1979

Geboren 1953 in Essen

Studium der Politikwissenschaft, Mittleren und Neueren Geschichte sowie der Soziologie. Promotion

Von 1980 bis 1993 Wissenschaftliche Assistentin, LMU München

1985 Gastprofessur University of Minnesota, Minneapolis, USA

1992 Habilitation

Seit 1994 Professorin für Internationale Politik, TU Chemnitz, Vertrauensdozentin der Konrad-Adenauer-Stiftung

Seit 2001 Stellvertretende Vorsitzende der Konrad-Adenauer-Stiftung

> „Wie kannst Du wissen, dass Du etwas nicht kannst,
> wenn Du es nicht versucht hast!"

Wie lautet Ihr Lebensmotto?
Ein Wort meines Vaters: „Wie kannst Du wissen, dass Du etwas nicht kannst, wenn Du es nicht versucht hast!"

An was glauben Sie?
An einen tröstenden Gott und daran, dass jeder Mensch an seinem Platz Entscheidendes bewegen kann.

Welche Eigenschaften schätzen Sie an einem Menschen besonders?
Integrität, Kreativität, Empathiefähigkeit, Intelligenz und Humor

Welche Reform war ein wirklicher Fortschritt?
Der historische Meilenstein „Soziale Marktwirtschaft"

Freiheit bedeutet für mich …
das wertvollste Gut für die Entfaltung des Menschen. Sie ist stets verantwortlich wahrzunehmen und – auch für andere Menschen – zu verteidigen. Rechtsstaat, Demokratie, freie Medien – ohne diese Elemente gibt es keine freien Gesellschaften.

Wenn ich an mein KAS-Stipendium denke …
denke ich dankbar an wunderbare intellektuelle und menschliche Erfahrungen, ohne die mein Leben ärmer verlaufen wäre.

Für die nächsten 50 Jahre wünsche ich der KAS-Begabtenförderung …
dass sie weiterhin so beeindruckende junge Menschen in ihren Reihen behält ebenso wie die engagierten Mitarbeiterinnen und Mitarbeiter, die für viele von uns so prägend waren. Ferner: dass sie den rasch wechselnden Herausforderungen der Zeit immer gewachsen bleibt.

Wenn ich an Deutschland denke …
sehe ich die Kraft der Bürger und der Verantwortlichen in der Politik, mit den enormen Herausforderungen des 21. Jahrhunderts fertig zu werden und eine menschenwürdige, gute Zukunft zu gestalten.

Stipendiat 1975 bis 1979, 1982 bis 1983

Geboren 1954. Verheiratet, drei Kinder

Studium der Rechtswissenschaft. Promotion

1990 Berater im Amt des Ministerpräsidenten auf dem Weg zur deutschen Einheit

Von 1990 bis 2005 Staatssekretär und Minister in Mecklenburg-Vorpommern und Sachsen

Von 2005 bis 2009 Chef des Bundeskanzleramtes

Seit 2009 Mitglied des Deutschen Bundestages

Von 2009 bis 2013 Bundesminister des Innern, später Bundesminister der Verteidigung

Seit 2013 erneut Bundesminister des Innern

Thomas de Maizière

Bundesminister des Innern

> „Ich bin stolz auf das, was unsere Mitbürger tagtäglich leisten."

Wie lautet Ihr Lebensmotto?
Die Sache ist wichtiger als die Person.

An was glauben Sie?
An Gott

Welche Eigenschaften schätzen Sie an einem Menschen besonders?
Verlässlichkeit

Welche Reform war ein wirklicher Fortschritt?
Die Durchsetzung der Demokratie

Freiheit bedeutet für mich …
verantwortliches Leben.

Wenn ich an mein KAS-Stipendium denke …
denke ich dankbar an wunderbare Seminare, unter anderem Rhetorikseminare.

Für die nächsten 50 Jahre wünsche ich der KAS-Begabtenförderung …
querdenkende Stipendiaten.

Wenn ich an Deutschland denke …
bin ich stolz auf das, was unsere Mitbürger tagtäglich leisten, und glaube, dass wir unsere Rolle in der Welt noch besser finden müssen.

Manfred Lütz

Psychiater, Chefarzt

Stipendiat 1976 bis 1982

Geboren 1954 in Bonn

Studium der Humanmedizin, Katholischen Theologie und Philosophie

Bis 1997 Oberarzt der psychiatrischen Abteilung am Marienhospital Euskirchen und Chefarzt der Klinik St. Martin in Euskirchen Stotzheim

Seit 1997 Chefarzt des Alexianer-Krankenhauses in Köln-Porz

Publikationen u. a.: Gott. Eine kleine Geschichte des Größten (2007), Irre! Wir behandeln die Falschen (2009)

> „Fähigkeiten bedeuten, die Pflicht zu haben,
> diese auch zum Wohl der ganzen Gesellschaft fruchtbar zu machen."

Wie lautet Ihr Lebensmotto?
Prüfe alles und das Gute bewahre

An was glauben Sie?
Als katholischer Christ an Gott

Welche Eigenschaften schätzen Sie an einem Menschen besonders?
Sensibilität und Tapferkeit

Welche Reform war ein wirklicher Fortschritt?
Die katholische Reform im 16. Jahrhundert

Freiheit bedeutet für mich ...
Verantwortung erleben.

Wenn ich an mein KAS-Stipendium denke ...
denke ich an viele spannende und gescheite Menschen, mit denen ich viel Spaß hatte.

Für die nächsten 50 Jahre wünsche ich der KAS-Begabtenförderung ...
Erfolg dabei, jungen begabten Menschen bewusst zu machen, dass Fähigkeiten bedeuten, die Pflicht zu haben, diese Fähigkeiten auch zum Wohl der ganzen Gesellschaft fruchtbar zu machen.

Wenn ich an Deutschland denke ...
stehen mir die hellen und die dunklen Seiten der deutschen Geschichte vor Augen.

Stipendiat 1978 bis 1980

Geboren 1955

Studium der Pädagogik, Wirtschafts- und Sozialwissenschaften. Promotion

Oberregierungsrat a. D., Bayerisches Wirtschaftsministerium

Von 1989 bis 1994 Mitglied des Europäischen Parlaments

Seit 1994 Mitglied des Deutschen Bundestages (Schwerpunkte: Außen-, Europa-, Entwicklungspolitik)

Von 2005 bis 2013 Parlamentarischer Staatssekretär im Bundesministerium für Ernährung, Landwirtschaft und Verbraucherschutz

Seit 2013 Bundesminister für wirtschaftliche Zusammenarbeit und Entwicklung

Gerd Müller

Bundesminister für wirtschaftliche Zusammenarbeit und Entwicklung

> „Das Stipendium war die Grundlage für meinen beruflichen und politischen Werdegang."

Wie lautet Ihr Lebensmotto?
Nutze Deine Lebenschancen, bleib bescheiden und dankbar und erfülle Deine sozialen Verpflichtungen.

An was glauben Sie?
Als gläubiger Christ glaube ich an Gott.

Welche Eigenschaften schätzen Sie an einem Menschen besonders?
Lebensfreude, Ehrlichkeit, Optimismus und soziale Verantwortung

Welche Reform war ein wirklicher Fortschritt?
Deutschlands Erfolg beruht auf der Sozialen Marktwirtschaft, unserem Grundgesetz und dem Bekenntnis zu Toleranz, sozialer und ökologischer Verantwortung.

Die Globalisierung erfordert verbindliche ökologische und soziale Standards für das Zusammenleben der Völker, die Verwirklichung von Gerechtigkeit, Frieden und Freiheit und den Erhalt der Schöpfung für kommende Generationen.

Freiheit bedeutet für mich …
die Lebenschancen zu nutzen und Verantwortung zu übernehmen.

Wenn ich an mein KAS-Stipendium denke …
war dies die entscheidende Grundlage für mein Studium und meinen weiteren beruflichen und politischen Werdegang.

Für die nächsten 50 Jahre wünsche ich der KAS-Begabtenförderung …
eine noch stärkere Auslandsorientierung und einen besonderen Schwerpunkt auf der Förderung junger Menschen aus Entwicklungsländern, insbesondere aus Afrika.

Wenn ich an Deutschland denke …
so bin ich stolz und dankbar, hier leben zu dürfen.

Annette Schavan | Botschafterin, Bundes- und Landesministerin a.D.

Stipendiatin 1975 bis 1980

Geboren 1955 in Jüchen, Kreis Neuss

Studium der Katholischen Theologie, Philosophie, Erziehungswissenschaft

Berufliche Stationen: Bischöfliche Studienförderung Cusanuswerk, Bischöfliches Generalvikariat in Aachen, Frauenunion der CDU

Von 1995 bis 2005 Ministerin für Kultus, Jugend und Sport in Baden-Württemberg

Von 2001 bis 2005 Mitglied des Landtags von Baden-Württemberg

Von 2005 bis 2013 Bundesministerin für Bildung und Forschung

Von 1998 bis 2012 stellvertretende Vorsitzende der CDU

Von 2005 bis 2014 Mitglied des Deutschen Bundestages

Seit 2014 Botschafterin der Bundesrepublik Deutschland beim Heiligen Stuhl

Zu meinem kirchlichen Engagement gehören viele Jahre als Vizepräsidentin des Zentralkomitees der deutschen Katholiken sowie des Katholischen Deutschen Frauenbundes. Außerdem arbeite ich in der ökumenischen Stiftung „Bibel und Kultur" als Vorsitzende des Kuratoriums.

> „Ich bin dankbar für die Zukunftschancen der jungen Generation, um die uns viele Länder beneiden."

Wie lautet Ihr Lebensmotto?
Alles hat seine Zeit.

An was glauben Sie?
Ich glaube daran, dass Gott treu und der Mensch zur Freiheit berufen ist.

Welche Eigenschaften schätzen Sie an einem Menschen besonders?
Standfestigkeit, Ehrlichkeit und Humor

Welche Reform war ein wirklicher Fortschritt?
Die Gründung der Europäischen Union, die ein großes Friedenswerk ist.

Freiheit bedeutet für mich …
Vertrauen in den Menschen und seine Talente.

Wenn ich an mein KAS-Stipendium denke …
dann erinnere ich mich dankbar an eine finanzielle und ideelle Unterstützung meines Studiums. Unvergessen bleibt mir eine Auslandsakademie in Wien.

Für die nächsten 50 Jahre wünsche ich der KAS-Begabtenförderung …
großen Erfolg in ihrem Bemühen, junge Menschen zu ermutigen, ihre Talente zu entfalten und Verantwortung in der Gesellschaft zu übernehmen.

Wenn ich an Deutschland denke …
dann bin ich dankbar für die kulturelle Vielfalt in unserem Land, für seine ökonomische Stabilität und die Zukunftschancen der jungen Generation, um die uns viele Länder beneiden.

Anka Zink

Kabarettistin

Stipendiatin 1976 bis 1980

Geboren 1955

Studium der Soziologie

1975 und davor Abitur, lange, schwere Schulzeit, katholische Erziehung und fröhliche Kindheit im Rheinland

Von 1980 bis 1983 viel Ausland, u. a. Südamerika

Von 1983 bis 1988 Gründungs-Ensemble Improvisationstheater Springmaus, Bonn. Geschäftsführung und rauschhafter Erfolg

Von 1989 bis 1990 Kom(m)ödchen Düsseldorf

Von 1991 bis heute: bundesweites Reisen mit gesellschaftskritischen Kabarettprogrammen. Ermöglicht:

Von 1997 bis 2007 durch Rudi Carrell (7 Tage, 7 Köpfe, RTL), Blond am Freitag (ZDF) und andere Sendungen. Zuvor:

Von 1991 bis 1997 persönliche und wirtschaftliche Verluste, gerettet durch unmoralische Tätigkeiten (Zigaretten-Promotion – von daher Verständnis für Wirtschaftsflüchtlinge) und Dirk Bach (DB-Show, RTL)

2015 bis demnächst: aktive Verrentung durch Neugründung eines jungen, zeitkritischen Kabarett-Ensembles

„Deutschland ist ein tolles Land, auch für Frauen!"

Wie lautet Ihr Lebensmotto?
Das Überflüssige ist das Notwendige. (Adorno)

An was glauben Sie?
Ich glaube an Gott. Die Form des Spirituellen betreffend: katholisch, selbst wenn es schwer fällt.

Welche Eigenschaften schätzen Sie an einem Menschen besonders?
Uneigennützige, begeisternde, verlässliche und sachorientierte Menschen sind mir eine große Freude. Man kennt sie als Künstler oder Sportler.

Welche Reform war ein wirklicher Fortschritt?
Der Begriff „Reform" dient politisch als Bemäntelung von Einschränkung. Tatsächlich „reformiert" sind Kommunikationswesen, Gesellschaft und Geschäftswelt durch digitalen Fortschritt.

Freiheit bedeutet für mich …
jene zu ertragen, die anders sind. Damit meine ich nicht nur Moslems, Pegidos und Veganer, sondern auch Hochbegabte. Respekt für alle.

Wenn ich an mein KAS-Stipendium denke …
so war das eine aufregende Zeit mit viel Spaß und anhaltenden persönlichen Freundschaften.

Für die nächsten 50 Jahre wünsche ich der KAS-Begabtenförderung …
ausreichend Eingebung.

Wenn ich an Deutschland denke …
Es ist ein tolles Land, auch für Frauen!

Stipendiat 1978 bis 1981

Geboren 1957 in Obernzenn.
Verheiratet, zwei Kinder

Studium der Rechtswissenschaften

Von 1976 bis 1977 Wehrdienst

Ab 1985 Rechtsanwalt,
Schwerpunkt Arbeitsrecht

Seit 1990 Mitglied des
Deutschen Bundestages

Seit 2011 stellvertretender
Parteivorsitzender der CSU

Von 2005 bis 2013 Parlamentarischer
Staatssekretär beim Bundesminister
der Verteidigung

Von 2013 bis 2014 Parlamentarischer
Staatssekretär beim Bundesminister
für wirtschaftliche Zusammenarbeit

Seit Februar 2014 Bundesminister
für Ernährung und Landwirtschaft

Christian Schmidt

Bundesminister
für Ernährung und Landwirtschaft

„Wer im Geringsten treu ist, der ist auch im Großen treu."

Wie lautet Ihr Lebensmotto?
Wer im Geringsten treu ist, der ist auch im Großen treu. (Lukas-Evangelium 16)

An was glauben Sie?
Ich glaube an die Gnade Gottes.

Welche Eigenschaften schätzen Sie an einem Menschen besonders?
Verbindlichkeit, Präzision und Humor

Welche Reform war ein wirklicher Fortschritt?
Die Einführung der Pflegeversicherung 1994

Freiheit bedeutet für mich …
Verantwortung.

Wenn ich an mein KAS-Stipendium denke …
sehe ich die Grundakademie Kloster Walberberg vor mir und nächtelange streitbare Gespräche mit Pater Heinrich Basilius Streithofen.

Für die nächsten 50 Jahre wünsche ich der KAS-Begabtenförderung …
einen guten Riecher auf der Suche nach Talenten und jungen Menschen, in denen große Potenziale schlummern.

Wenn ich an Deutschland denke …
dann denke ich an ein Land, das stark ist aufgrund seiner föderalen Vielfalt.

Peter Altmaier

Chef des Bundeskanzleramtes und
Bundesminister für besondere Aufgaben

Stipendiat 1981 bis 1985

Geboren 1958 in Ensdorf, Saarland

Studium der Rechtswissenschaft

Von 1990 bis 1994 Beamter der Europäischen Kommission

Seit 1994 Mitglied des Deutschen Bundestages

Von 2005 bis 2009 Parlamentarischer Staatssekretär beim Bundesminister des Innern

Von 2009 bis 2012 1. Parlamentarischer Geschäftsführer der CDU/CSU-Bundestagsfraktion

Von 2012 bis 2013 Bundesminister für Umwelt, Naturschutz und Reaktorsicherheit

Seit 2013 Chef des Bundeskanzleramtes und Bundesminister für besondere Aufgaben

„Die Chance, die Dinge zum Guten zu wenden."

Wie lautet Ihr Lebensmotto?
Rerum cognoscere causas! Verantwortliche Gestaltung wird nur durch Erkenntnis möglich. Wissenschaft und Werte schließen einander nicht aus, sondern sind zwei Seiten derselben Medaille.

An was glauben Sie?
An die Begabung des Menschen mit Freiheit, Gleichheit und Verantwortung. Und an die Chance, die Dinge zum Guten zu wenden.

Welche Eigenschaften schätzen Sie an einem Menschen besonders?
Festigkeit in großen Dingen und Großzügigkeit in kleinen. Offenheit für Ideen und Argumente, Bereitschaft, den eigenen Standpunkt zu überprüfen und zu verändern, wenn es für das Gelingen des Ganzen notwendig ist.

Welche Reform war ein wirklicher Fortschritt?
Die Bismarck'sche Sozial-Reform, die als Jahrtausendreform das europäische Sozialstaatsmodell begründet und weltweit einmalig gemacht hat – bis heute.

Freiheit bedeutet für mich …
die Möglichkeit und die Pflicht zu gewissenhafter Entscheidung. Und ein großes Glück, das den allermeisten Menschen leider noch immer vorenthalten wird.

Wenn ich an mein KAS-Stipendium denke …
denke ich an spannende Begegnungen, schlaflose Nächte, sich weitende Horizonte und einfach an eine schöne Zeit.

Für die nächsten 50 Jahre wünsche ich der KAS-Begabtenförderung …
dass die Erfolgsgeschichte weitergeht.

Wenn ich an Deutschland denke …
denke ich immer auch an Europa und die Welt. Und an ein großartiges Land, in dem es schön ist zu leben und für das es sich zu arbeiten lohnt.

1985 bis 1995 ·····

Kazimierz Wóycicki | Publizist

Stipendiat 1984 bis 1986

Geboren 1949 in Warschau, Polen

Studium der Mathematik, Philosophie (Katholische Universität Lublin), Politikwissenschaft und Neueren Geschichte (Universität Freiburg)

Von 1972 bis 1975 Arbeit mit „Aktion Sühnezeichen" in der DDR

Von 1973 bis 1983 Redaktionsmitglied Monatszeitschrift „Więź" mit Chefredakteur Tadeusz Mazowiecki

Von 1986 bis 1987 Journalist BBC, London

1989 Sekretär des Bürgerkomitees bei Lech Wałęsa (Runder Tisch)

Von 1990 bis 1993 Chefredakteur Tageszeitung „Życie Warszawy"

Von 1996 bis 2004 Leiter Polnische Institute Düsseldorf und Leipzig

2007 Bundesverdienstkreuz als Verdienstkreuz am Bande der Bundesrepublik Deutschland

2008 Lehrbeauftragter Universität Warschau

Seit 2014 Vorstandsmitglied Stiftung Kreisau für Europäische Verständigung

„Bei meinem KAS-Stipendium denke ich an Versöhnung mit Deutschland."

Wie lautet Ihr Lebensmotto?
Wenn man nicht weiß, was zu tun ist, ist es am besten, sich anständig zu benehmen.

An was glauben Sie?
An das Göttlich-Gute

Welche Eigenschaften schätzen Sie an einem Menschen besonders?
Kritische Loyalität

Welche Reform war ein wirklicher Fortschritt?
Die Einführung der Demokratie

Freiheit bedeutet für mich ...
gegenseitiger Respekt vor anderen Menschen.

Wenn ich an mein KAS-Stipendium denke ...
denke ich an Versöhnung mit Deutschland.

Für die nächsten 50 Jahre wünsche ich der KAS-Begabtenförderung ...
ein vereintes Europa.

Wenn ich an Deutschland denke ...
denke ich daran, dass wir Nachbarn sind.

Stipendiat 1983 bis 1985

1955 in Detmold. Verheiratet, vier Kinder

Studium der Journalistik LMU München über Deutsche Journalistenschule

Von 1974 bis 1980 Freier Mitarbeiter, Volontär, Redakteur „Westfalen-Blatt", Bielefeld

Von 1986 bis 1990 Redakteur SAT.1 Hamburg, Redenschreiber Bundesarbeitsminister Norbert Blüm, Politikredakteur „Welt am Sonntag"

Von 1991 bis 1998 Redaktionsleiter Wirtschaft/Ressortleiter Aktuelles MDR Leipzig

Von 2004 bis 2011 ARD-TV-Korrespondent Hauptstadtstudio Berlin

Von 2012 bis 2014 und 1999 bis 2003 ARD-TV-Korrespondent Südasien, Studioleiter Delhi

Seit 2015 ARD-TV-Korrespondent Tschechien, Slowakei, Studioleiter Prag

Jürgen Osterhage

Journalist

„Gib jedem Tag die Chance, der schönste deines Lebens zu werden."

Wie lautet Ihr Lebensmotto?
Gib jedem Tag die Chance, der schönste deines Lebens zu werden.

An was glauben Sie?
An die Zukunft

Welche Eigenschaften schätzen Sie an einem Menschen besonders?
Mut, Intelligenz, Ausdauer

Welche Reform war ein wirklicher Fortschritt?
Agenda 2010, Glasnost

Freiheit bedeutet für mich …
Unabhängigkeit und einen freien Willen zu haben.

Wenn ich an mein KAS-Stipendium denke …
werden gute Erinnerungen wach.

Für die nächsten 50 Jahre wünsche ich der KAS-Begabtenförderung …
immer eine Handbreit Wasser unter dem Kiel.

Wenn ich an Deutschland denke …
sehe ich Demokratie, Rechtssicherheit, leider zu wenig Toleranz und Reformbereitschaft, Wohlstand.

Hans-Joachim Fuchs

Professor für Geographie

Stipendiat 1987 bis 1989

Geboren 1958 in Stetten/Pfalz

Studium der Geographie (Studienrichtung Geoökologie), Botanik und Zoologie

Von 1985 bis 1989: Promotion („Ecological Impacts on the Tea Production of Sri Lanka"), dabei 14-monatiger Aufenthalt in Sri Lanka

Von 1989 bis heute: Geographisches Institut der Universität Mainz

1997 Habilitation im Fach Geographie. Zahlreiche Forschungsaufenthalte in Indien

2003 apl. Professor am Geographischen Institut der Universität Mainz

Forschungsschwerpunkte: Naturgefahren und Naturrisiken; Klimageographie, Klimawandel und Auswirkungen; Regionalgeographische Fragestellungen

> „... meine Erfahrungen weiterzugeben – das macht mir großen Spaß."

Wie lautet Ihr Lebensmotto?
Voranzublicken; positiv zu denken, gerecht zu sein; mir Zeit für Andere zu nehmen, die meinen Rat oder Hilfe brauchen; das Lachen nicht zu vernachlässigen; mich auch über kleine Dinge sehr zu freuen

An was glauben Sie?
An Zusammenhalt und Kraft innerhalb meiner Familie; dass Freunde und Begegnungen mit ihnen sehr wichtig sind; an Gott

Welche Eigenschaften schätzen Sie an einem Menschen besonders?
Ehrlichkeit, Zuverlässigkeit, Freundlichkeit

Welche Reform war ein wirklicher Fortschritt?
Alle Reformen, die zur Europäischen Union geführt haben. Sie sind wichtige Bausteine für Frieden und Versöhnung. Konrad Adenauer hat hierzu wichtige Beiträge geleistet.

Freiheit bedeutet für mich ...
etwas sehr Wertvolles und Schützenswertes; Voraussetzung, Basis und Antrieb für Entwicklung und Fortschritt in einer Gesellschaft.

Wenn ich an mein KAS-Stipendium denke ...
dann bin ich sehr dankbar, denn ohne das Graduiertenstipendium hätte es wahrscheinlich keine Uni-Laufbahn für mich gegeben. Ich denke gerne an die spannenden Seminare mit gesellschaftspolitischen Themen und interdisziplinären Diskussionen zurück, die mir als Naturwissenschaftler sehr geholfen haben. Deshalb engagiere ich mich seit vielen Jahren selbst als Referent bei KAS-Seminaren/Tagungen, um meine Erfahrungen weiterzugeben. Das macht mir großen Spaß.

Für die nächsten 50 Jahre wünsche ich der KAS-Begabtenförderung ...
viele kreative und interessante Stipendiatinnen und Stipendiaten aus allen Fachrichtungen, die den Charakter der Stiftung nachhaltig prägen, aber die sich auch der Bedeutung eines KAS-Stipendiums bewusst sind und der Stiftung aktiv verbunden bleiben. Weiterhin so viel Engagement und Kreativität bei den KAS-Mitarbeiterinnen und -Mitarbeitern in der Zentrale und den Landesbüros im In- und Ausland.

Wenn ich an Deutschland denke ...
dann denke ich an die vielen interessanten Landschaften und deren facettenreiche kulturräumliche Ausprägung durch die dort lebenden Menschen. Das hat mich als Geograph immer wieder fasziniert. Ich denke aber auch an die historische Vergangenheit und an die damit verbundene Verantwortung für ein harmonisches und freiheitliches Miteinander sowie eine chancengleiche Zukunft für ALLE.

Hüseyin Bağci

Lehrstuhlinhaber für Internationale Beziehungen an der Middle East Technical University, Ankara, Türkei

Stipendiat 1985 bis 1988

Geboren 1959

Studium der Politikwissenschaft, Rheinische Friedrich-Wilhelms-Universität Bonn. Promotion

Gastwissenschaftler Deutsche Gesellschaft für Auswärtige Politik (DGAP), Bonn, Senior Fellow Zentrum für Europäische Integrationsforschung (ZEI), Bonn, und Landesverteidigungsakademie und Militärwissenschaftliches Büro des Bundesministeriums für Landesverteidigung, Wien

Mitglied International Institute für Strategic Studies (IIS), London, Center for European Policy Studies (CEPS), Brüssel. Stellvertretender Direktor des Foreign Policy Institute, Ankara.

Zahlreiche Bücher und Artikel zur türkischen Außenpolitik und den türkisch-deutschen Beziehungen. TV-und Radio-Kommentator

„Freiheit bedeutet für mich frei denken und frei entscheiden können."

Wie lautet Ihr Lebensmotto?
Arbeiten und Arbeiten für ein gutes Gemeinwohl

An was glauben Sie?
Jeder hat die Kraft, etwas zu verändern.

Welche Eigenschaften schätzen Sie an einem Menschen besonders?
Aufrichtigkeit und Vertrauen

Welche Reform war ein wirklicher Fortschritt?
Die Bildungsreform war die größte Reform im 20. Jahrhundert.

Freiheit bedeutet für mich …
frei denken und frei entscheiden können.

Wenn ich an mein KAS-Stipendium denke …
denke ich an die wunderschönen Jahre, die mich sehr geprägt haben, um meine akademische Laufbahn fortzusetzen.

Für die nächsten 50 Jahre wünsche ich der KAS-Begabtenförderung …
weitere gute Auswahltagungen und eine gute Auswahl von Begabten weltweit.

Wenn ich an Deutschland denke …
denke ich an die besten Jahre meines Lebens als Student, die mich wissenschaftlich und intellektuell weitergebracht haben. Ich begleitete den türkischen Präsidenten Abdullah Gül beim seinem offiziellen Staatsbesuch im September 2011 nach Deutschland. Es war für mich sehr beeindruckend, als ehemaliger Stipendiat der Konrad-Adenauer-Stiftung meine Alma Mater in Bonn als Delegationsmitglied zu besuchen.

Christian Wulff

Bundespräsident a.D.,
Ministerpräsident a.D.

Stipendiat 1981 bis 1986

Geboren 1959

Studium der Rechtswissenschaft

Von 1979 bis 1983 Mitglied Bundesvorstand Junge Union

Von 1983 bis 1985 Landesvorsitzender Junge Union Niedersachsen

Von 1984 bis 2008 Mitglied Landesvorstand CDU Niedersachsen, seit 1994 als Landesvorsitzender

Von 1991 bis 1994 Rechtsanwalt

Von 1998 bis 2010 Stellvertretender Bundesvorsitzender der CDU

Von 2003 bis 2010 Ministerpräsident des Landes Niedersachsen

Von 2010 bis 2012 Bundespräsident der Bundesrepublik Deutschland

Präsident der EMA (Euro-Mediterran-Arabischer Länderverein), Mitglied im Transatlantic Council on Migration, Schirmherr der Deutsche Multiple Sklerose Gesellschaft, Mitglied des Beirats der Felix-Nussbaum-Foundation, Ehrenamtlicher Mentor Deutschlandstiftung Integration, Schirmherr mehrerer caritativer Initiativen

> „Wem Unterstützung zuteil wurde, für den ist es eine Freude, andere auf ihrem Lebensweg zu unterstützen."

Ich habe von der Begabtenförderung der Konrad-Adenauer-Stiftung ganz persönlich und vielfältig profitiert und hoffe, davon ein wenig an die Gesellschaft zurückgeben zu können.

Bereits die Erfahrungen im Auswahlverfahren, über die Kriterien nachdenken und sich durchsetzen zu müssen, waren lehrreich. Dazu kam die finanzielle Förderung im Studium, die eine große Hilfe für mich war, da ich in einer schwierigen sozialen Situation studierte. Am prägendsten aber waren die Erfahrungen und der Austausch mit Kommilitonen aus verschiedenen Studienrichtungen mit unterschiedlichsten Interessen während der Seminare und in unserer Stipendiatengruppe. Diese Interdisziplinarität habe ich als große Bereicherung erfahren. Und auch dies begründet Dankbarkeit gegenüber der Konrad-Adenauer-Stiftung und der Politik, die diese Form der Unterstützung ausgebaut hat.

Heute bin ich Mentor für Studierende z. B. mit Migrationshintergrund und erlebe: Wem Unterstützung zuteil wurde, für den ist es eine Freude, sich selbst zu engagieren andere auf ihrem Lebensweg zu unterstützen.

Monika Grütters

Staatsministerin für Kultur und Medien

Stipendiatin 1983 bis 1988

Geboren 1962 in Münster

Studium der Germanistik, Kunstgeschichte und Politikwissenschaft

Öffentlichkeitsarbeit im Opern-, Museums- und Verlagsbereich. Anschließend in großen Unternehmen für Kunst und Kulturprogramme verantwortlich

Von 1998 bis 2013 Vorstand der Stiftung „Brandenburger Tor"

Nach zehn Jahren als Berliner Landespolitikerin seit 2005 Mitglied des Deutschen Bundestages. In der vergangenen Legislaturperiode leitete sie dort den Ausschuss für Kultur und Medien.

Seit 2013 Staatsministerin für Kultur und Medien

„Fröhlich sein, Gutes tun und die Spatzen pfeifen lassen."

Wie lautet Ihr Lebensmotto?
Fröhlich sein, Gutes tun und die Spatzen pfeifen lassen. (Don Bosco)

An was glauben Sie?
An Gott

Welche Eigenschaften schätzen Sie an einem Menschen besonders?
Treue, Verlässlichkeit

Welche Reform war ein wirklicher Fortschritt?
Frauenwahlrecht, II. Vatikanisches Konzil

Freiheit bedeutet für mich …
ohne Angst vor staatlicher Kontrolle denken und tun zu dürfen, was ein guter Rechtsstaat wie Deutschland ermöglicht.

Wenn ich an mein KAS-Stipendium denke …
bin ich vor allem dankbar für viele Anregungen, Angebote und Freundschaften.

Für die nächsten 50 Jahre wünsche ich der KAS-Begabtenförderung …
dass sie modern ist, Impulse gibt, wach an den Entwicklungen in der Gesellschaft teilnimmt und die Begabungen ihrer Stipendiaten zur Entfaltung bringt.

Wenn ich an Deutschland denke …
freue ich mich, in einer so gut funktionierenden Gesellschaft und Sozialen Marktwirtschaft leben zu können.

Stipendiat 1984 bis 1990

Geboren 1962 in Arad, Rumänien;
aus der banat-schwäbischen Gemeinde
Sankt Anna stammend

Von 1969 bis 1977 deutschsprachige Grundschule
in Sankt Anna; 1977 bis 1978 Nikolaus-Lenau-
Lyzeum in Temeswar, Rumänien

1978 Auswanderung mit den Eltern in die
Bundesrepublik Deutschland; 1981 frühzeitiges
Abitur, Ludwigshafen/Rhein

1987 Diplom in Physik, Universität Heidelberg;
1990 Promotion (Dr. rer. nat.), Heidelberg;
1990 freier Erfinder

Von 1991 bis 1993 Postdoktorand Europäisches
Molekularbiologisches Laboratorium, Heidelberg

Von 1993 bis 1996 Postdoktorand Universität
Turku, Finnland

Seit 1996 Max-Planck-Institut für
Biophysikalische Chemie in Göttingen, zunächst
Leiter einer Nachwuchsgruppe,
seit 2002 Direktor und Wissenschaftliches
Mitglied der Max-Planck-Gesellschaft

2009 Otto-Hahn-Preis für Physik,
2014 Kavli Preis für Nanowissenschaften und
Nobelpreis in Chemie für „development of
superresolution fluorescence microscopy"

Seit 2015 Mitglied der Konrad-Adenauer-Stiftung

Stefan Hell

Direktor des Göttinger Max-Planck-
Instituts für Biophysikalische Chemie,
Nobelpreisträger

„Greif nach den Sternen, aber mit den Beinen auf der Erde."

Wie lautet Ihr Lebensmotto?
Greif nach den Sternen, aber mit den Beinen auf der Erde.

An was glauben Sie?
Dass wissenschaftlicher Erkenntnisgewinn grundsätzlich nicht aufzuhalten ist, weil Menschen so gut wie immer nach Verbesserung ihrer Lebensverhältnisse streben.

Welche Eigenschaften schätzen Sie an einem Menschen besonders?
Mit sich selbst im Reinen zu sein.

Welche Reform war ein wirklicher Fortschritt?
Jeden Menschen als Individuum zu begreifen.

Freiheit bedeutet für mich …
ein enormes Maß an Lebensqualität.

Wenn ich an mein KAS-Stipendium denke …
denke ich daran, dass es in der Auswahlkommission auch beachtlichen Widerstand gab, mich aufzunehmen. Ich war froh, dass es dann doch geklappt hat und ich in meiner Förderzeit sehr interessante Leute kennengelernt sowie an interessanten Seminaren teilgenommen habe, wie z. B. einem in Israel.

Für die nächsten 50 Jahre wünsche ich der KAS-Begabtenförderung …
dass sie sich die richtigen Stipendiaten aussucht.

Wenn ich an Deutschland denke …
sehe ich auf das Land – nicht zuletzt aufgrund des bevorstehenden massiven demographischen Wandels – beachtliche Veränderungen zukommen, die sachorientierter, nicht-ideologischer Entscheidungen bedürfen.

Marion Ackermann | Museumsdirektorin

Stipendiatin 1991 bis 1994

Geboren 1965 in Göttingen

Studium der Kunstgeschichte, Germanistik und Geschichte in Göttingen, Kassel, Wien, München mit Promotion „Kandinskys autobiographische „Rückblicke" im Kontext seiner frühen Schriften" (1995)

Von 1995 bis 2003 Kuratorin Städtische Galerie im Lenbachhaus München

Von 2003 bis 2008 Direktorin des Kunstmuseums Stuttgart

Seit 2009 Künstlerische Direktorin der Kunstsammlung Nordrhein-Westfalen

> „Ich träume von einem offenen, toleranten, vielfältigen Einwandererland."

Wie lautet Ihr Lebensmotto?
Was ist der Mensch, dass er Pläne macht!
(Hugo von Hofmannsthal)

An was glauben Sie?
An die Kraft der Kunst, wie es Günther Uecker 1983 formuliert hat: Die Kunst kann den Menschen nicht retten, aber mit den Mitteln der Kunst wird ein Dialog möglich, welcher zu einem den Menschen bewahrenden Handeln aufruft.

Welche Eigenschaften schätzen Sie an einem Menschen besonders?
Leidenschaft, gepaart mit Beharrlichkeit
Intelligenz, gepaart mit Bescheidenheit

Welche Reform war ein wirklicher Fortschritt?
Die Einführung des Frauenwahlrechts

Freiheit bedeutet für mich …
Meinungsfreiheit und absolute Toleranz.

Wenn ich an mein KAS-Stipendium denke …
erinnere ich mich an all die klugen Freunde, die nächtelangen Diskussionen über alle Grenzen von Fachdisziplinen hinweg und unseren kleinen „Wildunger Kreis", den wir aus dieser wunderbaren Atmosphäre heraus gegründet haben.

Für die nächsten 50 Jahre wünsche ich der KAS-Begabtenförderung …
viele junge Menschen zu fördern, die auf ihre jeweilige Weise dazu beitragen, eine gute Zukunft zu gestalten.

Wenn ich an Deutschland denke …
träume ich von einem offenen, toleranten, vielfältigen Einwandererland, das seinem Ruf in der Welt als Land der Kultur gerecht wird.

Stipendiatin 1985 bis 1991

Geboren 1966 in Deggendorf

Studium der Japanologie, Politikwissenschaft und Rechtswissenschaft. Promotion

Von 1997 bis 2002 Wiss. Mitarbeiterin, Deutsches Institut für Japanstudien, Tokyo

Von 2002 bis 2003 Advanced Research Fellow, Program on US-Japan Relations, Harvard University

Von 2003 bis 2004 Assistant Professor, Department of Government, Hamilton College, Clinton, NY, USA

Seit 2004 Professorin für Politik und Wirtschaft Japans, Freie Universität Berlin

Seit 2012 Direktorin, Graduate School of East Asian Studies (gefördert durch Exzellenzinitiative)

Seit 2014 Mitglied International Advisory Board, Institute of Social Science, University of Tokyo; Mitglied Deutsch-Japanisches Forum

Verena Blechinger-Talcott

Professorin für Politik und Wirtschaft Japans

„Wer lächelt statt zu toben, ist immer der Stärkere."

Wie lautet Ihr Lebensmotto?
Wer lächelt statt zu toben, ist immer der Stärkere.

An was glauben Sie?
Individuelle Freiheit, Mitmenschlichkeit, die Fähigkeit jedes Einzelnen, durch Handeln einen positiven Beitrag zur Gesellschaft zu leisten

Welche Eigenschaften schätzen Sie an einem Menschen besonders?
Zuverlässigkeit, Offenheit, Intelligenz, Humor

Welche Reform war ein wirklicher Fortschritt?
Die Einführung der Sozialen Marktwirtschaft, weil dadurch individuelle Freiheit gegeben ist, aber negative Effekte sozialpolitisch abgefangen werden.

Freiheit bedeutet für mich ...
meine eigenen Ziele und Ideen umsetzen zu können, ohne dabei anderen zu schaden.

Wenn ich an mein KAS-Stipendium denke ...
erinnere ich mich an die großartige Gemeinschaft der Stipendiaten, an Horizonterweiterung durch die ideelle Förderung, viele spannende Seminare.

Für die nächsten 50 Jahre wünsche ich der KAS-Begabtenförderung ...
offene und engagierte Stipendiatinnen und Stipendiaten, viel Lust und Freude am Diskutieren, das Mitwachsen mit der Gesellschaft in der Gemeinschaft aus Stiftung, Stipendiaten, Altstipendiaten und Vertrauensdozenten.

Wenn ich an Deutschland denke ...
Heimat, Sprache und Kultur, historische Verantwortung und große Aufgaben für die Zukunft

Elmar Theveßen

Journalist

Stipendiat 1988 bis 1993

Geboren 1967 in Viersen

Studium Politische Wissenschaft, Geschichte, Germanistik, Foreign Policy und Journalism in Bonn und Washington, D.C.

Von 1991 bis 1995 Freier Mitarbeiter ZDF-Studio Bonn. Verantwortlicher Redakteur der Sendung „Bonn direkt"

Von 1995 bis 2001 ZDF-Korrespondent für Nordamerika, Washington, D.C.

Von 2001 bis 2002 Reporter ZDF-Magazin „Frontal 21"

Von 2003 bis 2007 Chef vom Dienst ZDF-Hauptredaktion Aktuelles, ZDF-Terrorismusexperte

Seit 2007 stellvertretender Chefredakteur und Leiter Hauptredaktion Aktuelles, ZDF

Mehrere Auszeichnungen: u.a Deutscher Fernsehpreis für die Dokumentation „Nine Eleven"

Publikationen: Schläfer mitten unter uns (2002), Die Bush-Bilanz (2004), Terroralarm (2005), Al-Qaida (2009), Nine Eleven (2011)

„Für das Neue aber sollten wir recht eigentlich leben."

Wie lautet Ihr Lebensmotto?
Das Alte, soweit es Anspruch darauf hat, sollten wir leben. Für das Neue aber sollten wir recht eigentlich leben. (Fontane)

An was glauben Sie?
Gott und das Gute im Menschen

Welche Eigenschaften schätzen Sie an einem Menschen besonders?
Empathie und Toleranz

Welche Reform war ein wirklicher Fortschritt?
Die sogenannte Hartz-IV-Reform

Freiheit bedeutet für mich ...
dass jeder sagen kann, was er denkt, und sein kann, was er ist.

Wenn ich an mein KAS-Stipendium denke ...
dann bin ich heute noch dankbar für die Chancen, die es mir eröffnet hat.

Für die nächsten 50 Jahre wünsche ich der KAS-Begabtenförderung ...
viele kluge Stipendiaten, die mit Eifer und Leidenschaft den Dingen auf den Grund gehen und unsere Gesellschaft mit gestalten wollen.

Wenn ich an Deutschland denke ...
bin ich stolz auf ein Land, dessen Buntheit seine Chance und die Vielfalt seiner Menschen seine Stärke ist.

1995 bis 2005

Ali Diomande | Berater des Präsidenten der Elfenbeinküste

Stipendiat 1992 bis 1995

Geboren 1959 in Abidjan, Elfenbeinküste

Studium der Verwaltungswissenschaft. Verheiratet, drei Kinder

1987 Diplôme d'Etudes Approfondies (DEA), Universität Abidjan, Côte d'Ivoire

1995 Promotion, Hochschule für Verwaltungswissenschaften, Speyer; DAAD-Preis für herausragende Leistungen ausländischer Studierender

1997 Diplom Öffentliches Management (ENAP), Québec, Kanada

Von 1996 bis 1999 Staatsbeamter (Ministère de la Fonction Publique); Dozent ENA, Abidjan

Von 1999 bis 2001 Inspecteur d'Etat à l'Inspection Générale d'Etat (IGE)

Von 2001 bis 2011 Berater Secrétaire Général de la Présidence

Seit 2011 Berater des Präsidenten der Elfenbeinküste

Sport: Schwarzer Gürtel 4. DAN Taekwondo, 1993 Deutscher Meister Vollkontakt, 1994 Deutscher Meister WKA/DBO

„Ich wünsche der KAS-Begabtenförderung mehr Stipendiaten aus Afrika."

Wie lautet Ihr Lebensmotto?
Liebe und Freiheit

An was glauben Sie?
Freundschaft

Welche Eigenschaften schätzen Sie an einem Menschen besonders?
Bescheidenheit, Ehrlichkeit und Hilfsbereitschaft

Welche Reform war ein wirklicher Fortschritt?
Schulpflicht

Freiheit bedeutet für mich ...
die Möglichkeit, sein Leben wie man will und kann zu organisieren.

Wenn ich an mein KAS-Stipendium denke ...
war es eine sehr große Hilfe.

Für die nächsten 50 Jahre wünsche ich der KAS-Begabtenförderung ...
mehr Stipendiaten aus Afrika.

Wenn ich an Deutschland denke ...
Arbeit, Disziplin, echte Freundschaft und Lebensqualität

Silvana Krause

Professorin für Politikwissenschaft

Stipendiatin 1996 bis 2000

Geboren 1963 in Santa Cruz do Sul, Brasilien

Studium der Sozial- und Politikwissenschaften in Brasilien. Promotion (Katholische Universität Eichstätt-Ingolstadt)

Seit 2005 Koordinatorin Forschungsteam „Parteien und Koalitionen der neuen brasilianischen Demokratie" (Conselho Nacional de Pesquisa – Nationaler Forschungsrat)

Seit 2010 Professorin im Programm für Weiterbildung in Politikwissenschaft, Universidade Federal do Rio Grande do Sul

Von 2014 bis 2016 Direktorin für Internationale Kooperation, Brasilianische Vereinigung für Politikwissenschaft (ABCP)

„Nicht aufgeben, keine Angst haben."

Wie lautet Ihr Lebensmotto?
Nicht aufgeben, keine Angst haben. Die Angst ist das Ergebnis des Unbekannten. Die Transparenz ist eine starke Waffe gegen Schwierigkeiten. Ohne Transparenz kann man nicht entdecken, wissen und verstehen. Sie ist der erste Schritt, damit Du und der Andere sich kennenlernen und verstehen können. Der zweite Schritt ist die Treue, die das Vertrauen mit sich bringt. Mit ihr werden die aufgebauten Beziehungen nicht zerstört. Sie ist die beste Waffe, die entwaffnet und aufbaut. Die Treue beruht auf dem Mut, nicht nur so zu sein, wie der Andere es wünscht, sondern sagen zu können, wie Du sein möchtest. Glauben, dass das Unmögliche möglich sein kann. Wenn diese zwei Pfeiler sichergestellt sind, wird die Angst überwunden.

An was glauben Sie?
An die Lust zum Leben

Welche Eigenschaften schätzen Sie an einem Menschen besonders?
Die Verpflichtung erlaubt ein gemeinsames Projekt. Ausdauer und gute Kommunikation schaffen ein positives Umfeld.

Welche Reform war ein wirklicher Fortschritt?
Das deutsche politische System nach dem Zweiten Weltkrieg

Freiheit bedeutet für mich ...
kein Geschenk, sie wird erobert. Sie ist ein ständig mit „Anderen" verhandeltes und vereinbartes Ergebnis.

Wenn ich an mein KAS-Stipendium denke ...
denke ich an die Förderung des Dialogs und das Verständnis für Unterschiede und Entfernungen. Ein guter Dialog entsteht, wenn wir Politik mit der Neugierde und der Kenntnis von jemandem betreiben, der offen ist für Zweifel und dem Bau des Möglichen vertraut. Ein einseitiger Dialog befreit die Beteiligten von Verantwortung und Kompromiss. Ein Dialog dagegen, der auf Verständnis und Kenntnis aufbaut, ermöglicht Kreativität und erlaubt die Veränderung von Realität und nicht die Flucht von ihr.

Für die nächsten 50 Jahre wünsche ich der KAS-Begabtenförderung ...
dass ihre Aktivitäten, Beziehungen und ihre Mission weiterhin gestärkt werden.

Wenn ich an Deutschland denke ...
denke ich an Klarheit und Offenheit, die Fähigkeit, aus Fehlern und Erfolgen zu lernen.

Andreas Maier | Schriftsteller

Stipendiat 1998 bis 2000

Geboren 1967 in Bad Nauheim, Wetterau

Studium der Germanistik, Philosophie und Altphilologie

Seit 2000 freier Schriftsteller. Wohnhaft in Hamburg

2002 Doktor der Philosophie im Fachbereich Germanistik, Frankfurt am Main – Die Verführung. Die Prosa Thomas Bernhards (2004)

2003 Mainzer Poetikdozentur, 2006 Frankfurter Poetikdozentur, 2007 Poetikdozentur Junge Autoren, Wiesbaden

Romane: Wäldchestag (2000), Klausen (2002), Kirillow (2005), Sanssouci (2009), Altershausen (2010), Das Zimmer (2010), Das Haus (2011), Die Straße (2013), Der Ort (2015)

> „Wahrheitsmöglichkeit. Vertrauen auf Zufälle.
> Misstrauen gegen komplette Absicherungen."

Wie lautet Ihr Lebensmotto?
Nichts wollen

An was glauben Sie?
An verschiedenes. Zuerst und umgreifend: An den lieben Gott. Daneben an ein paar kleinere Dinge. Wahrheitsmöglichkeit. Vertrauen auf Zufälle. Misstrauen gegen komplette Absicherungen. Ich glaube auch daran, dass jeder das finden kann, was er am besten kann und wodurch er sich sein eigenes Leben, im Sinne eines Werkstücks, am besten erarbeiten kann. Ob ich das allerdings für mich so hundertprozentig gefunden habe, weiß ich nicht, glaube ich auch nicht. Das kann man dann nur als Selbstvorwurf stehen lassen.

Welche Eigenschaften schätzen Sie an einem Menschen besonders?
Wahrheitsfähigkeit. Leider auch Schönheit

Welche Reform war ein wirklicher Fortschritt?
Wirklicher Fortschritt? Die Erfindung des Fahrrads. Eine Reform, ohne die ich mir mein Leben nicht vorstellen kann: die Gleichberechtigung der Frauen.

Freiheit bedeutet für mich ...
im lieben Gott sein. Unsere persönliche Freiheit, damit lügen wir uns alle in die Tasche. Nichts an mir ist frei, wenn ich mich frei fühle, aber nicht einmal weiß, welche Hände meine Hose zusammengenäht haben. Diese persönliche Freiheit ist zwar unverzichtbar, aber leider eben auch bloß subjektiv und nicht besonders wahrheitsfähig (s. o.).

Wenn ich an mein KAS-Stipendium denke ...
Hat mich gerettet. Ohne das wäre alles anders gekommen (s. o. Zufall). Vom Klima her gesehen war das Stipendium übrigens mehr oder minder völlige Freiheit (s. o.). Es war auf jeden Fall ideologiefrei.

Für die nächsten 50 Jahre wünsche ich der KAS-Begabtenförderung ...
Naja, ich bin ja kein Wissenschaftler geworden, auch wenn ich ein wissenschaftliches Stipendium hatte. Also nicht unbedingt solche wie mich.

Wenn ich an Deutschland denke ...
Ich bin Wetterauer, genauer gesagt Friedberger. In so großen Gebilden, Deutschland, kann ich gar nicht denken (s. o. „An was glauben Sie?").

Stipendiatin 2002 bis 2003

Geboren 1970 in Kirsehir, Türkei

Lebt und arbeitet in Berlin, Stuttgart, Istanbul

Von 1990 bis 1993 Ausbildung als Druckformherstellerin in Duisburg und München

Von 1994 bis 2000 Studium der Kunstpädagogik, Abschluss M.A., Ludwig-Maximilians-Universität München bei Professor Wolfgang Kehr

Von 1996 bis 2000 Studium der Bildhauerei an der Akademie der Bildenden Künste München bei Professor Heribert Sturm

Von 2000 bis 2004 Studium der Performancekunst, Abschluss Diplom, und Meisterschülerin bei Professor Marina Abramovic, Hochschule für Bildende Künste Braunschweig

Ihre Werke und mehr als 150 verschiedene Live-Performances präsentierte sie in mehr als 40 Ländern, auf vier Kontinenten, in über 120 Städten, in Museen, Galerien, Biennalen und Festivals.

Nezaket Ekici

Performancekünstlerin

> „Ich fühle mich frei, wenn ich Ideen haben und diese auch umsetzen kann, auch wenn ich meist dafür kämpfen muss."

Wie lautet Ihr Lebensmotto?
Ich denke in Bildern, mit aller Kraft und voller Leben. (Gasag Kalender 2009)

An was glauben Sie?
An das Gute, an die Qualität der Menschen und dass jeder, wenn er will und sich konzentriert, an seine Grenzen gehen kann, um dem Guten ein Stück näher zu kommen.

Welche Eigenschaften schätzen Sie an einem Menschen besonders?
Wenn der Mensch neugierig ist, offen, tolerant, herzlich und voller Leidenschaft.

Welche Reform war ein wirklicher Fortschritt?
Ich bin mir nicht sicher, ob man die Wiedervereinigung als eine Reform bezeichnen kann, jedoch glaube ich, dass es nach dem Zweiten Weltkrieg in Deutschland nur zwei Großereignisse gegeben hat, die Währungsreform und die Wiedervereinigung.

Freiheit bedeutet für mich ...
das tun zu können, was man will, ohne unterdrückt zu werden, wohlwissend, dass die persönliche Freiheit eine Grenze beim Nächsten hat und hier Toleranz walten sollte. Ich fühle mich frei, wenn ich Ideen haben und diese auch umzusetzen kann, auch wenn ich meist dafür kämpfen muss.

Wenn ich an mein KAS-Stipendium denke ...
denke ich vor allem an die EHF-Werkstatt: Das war wunderbar. Ich war zweimal dort und würde gern nochmal dahin – gleich am Comer See in Cadenabbia. Gemeinsam mit Künstlern des EHF (Else-Heiliger-Fonds) und mit Kuratoren philosophieren – gemeinsam essen und ausgehen.

Für die nächsten 50 Jahre wünsche ich der KAS-Begabtenförderung ...
viele gute Künstler, die vorausdenken, tolle interessante Arbeiten schaffen, die die Gesellschaft fordern und öffnen und die KAS damit noch mehr „Besonders" machen.

Wenn ich an Deutschland denke ...
Ich liebe das deutsche Brot. Ich liebe den Geruch von Currywurst, darf sie aber nicht essen. Ich liebe es, die Möglichkeit zu haben, viele Projekte realisieren zu können und im Vergleich zu anderen Nationen so viel Unterstützung für die Kunst bekommen zu können.

Catherine Gordeladze

Pianistin

Stipendiatin 1997 bis 2003

Geboren 1971 in Tiflis, Georgien. Verheiratet

Klavierstudium am Konservatorium Tiflis und an der Hochschule für Musik und Darstellende Kunst Frankfurt

Ab 1990 rege internationale Konzerttätigkeit, Rundfunkproduktionen weltweit. Solistin mit renommierten Orchestern

Auszeichnungen:
1999 Chopin Klavierwettbewerb Darmstadt
2002 Ehrendiplom und Medaille der Französischen Légion d'Honneur
2005 Bruno-Heck-Preis der KAS-Altstipendiaten
2014 Silber und Bronze Medaille Global Music Award, USA

Tonträger:
2007 CD Hommage á Haydn
2011 CD mit Werken von N. Kapustin
2014 CD American Rhapsody

> „Die Musik drückt aus, was nicht gesagt werden kann
> und worüber es unmöglich ist, zu schweigen."

Wie lautet Ihr Lebensmotto?
Die Musik drückt aus, was nicht gesagt werden kann und worüber es unmöglich ist, zu schweigen. (Victor Marie Hugo)

An was glauben Sie?
An die positive Lebensenergie und Lebenskraft

Welche Eigenschaften schätzen Sie an einem Menschen besonders?
Ehrlichkeit, Zuverlässigkeit, Toleranz, Begabung und Fleiß

Welche Reform war ein wirklicher Fortschritt?
Die Wiederherstellung der staatlichen Unabhängigkeit meines Geburtslands Georgien im Jahr 1991 durch die Auflösung der Sowjetunion

Freiheit bedeutet für mich ...
in erster Linie sich innerlich frei zu fühlen und die Möglichkeit zu haben, in einem demokratischen Staat ohne Einschränkungen und Ängste eigene Ideen zu verwirklichen.

Wenn ich an mein KAS-Stipendium denke ...
bin ich sehr dankbar, denke an eine wunderbare Studienzeit in Deutschland und ein studienbegleitendes, hochkarätiges Seminarprogramm der KAS. Durch dieses habe ich ein breites Spektrum an Wissen auf gesellschaftlicher, politischer, wirtschaftlicher und geschichtlicher Ebene gesammelt. Außerdem gab es für mich viele bereichernde Begegnungen mit interessanten Stipendiaten und Kursleitern.

Für die nächsten 50 Jahre wünsche ich der KAS-Begabtenförderung ...
weiterhin viele begabte Stipendiaten unterstützen zu können, damit die Absolventen die Früchte ihrer Ausbildung international in gesellschaftlichen, kulturellen und politischen Bereichen mit großem Erfolg umsetzen.

Wenn ich an Deutschland denke ...
denke ich an meine neue Heimat, die sehr weltoffen ist und in der ich meine künstlerischen Ziele und Projekte in einer internationalen Atmosphäre kreativ umsetzen kann. Damit hoffe ich einen kulturellen Beitrag für die Gesellschaft unseres Landes beizutragen.

Natascha Zowislo-Grünewald

Professorin für Unternehmenskommunikation

Stipendiatin 1995 bis 1998

Geboren 1974. Verheiratet, zwei Kinder

Studium der Wirtschafts- und Sozialgeschichte, Soziologie, Medienwissenschaft und internationalen Beziehungen, u. a. an der Johns Hopkins University, Washington, D.C.

2000 Promotion, Mannheim
2010 Habilitation, Bayreuth

Seit 2010 Professorin für Unternehmenskommunikation an der Universität der Bundeswehr München. Forschungsschwerpunkt: Kommunikationsmanagement in Wirtschaft und Politik

Tätigkeit im Kommunikationsmanagement internationaler Unternehmen

„Ein wirklicher Fortschritt war das Wahlrecht für Frauen."

Wie lautet Ihr Lebensmotto?
Alles wird gut – nur muss man jeden Tag hart daran arbeiten.

An was glauben Sie?
An Gott

Welche Eigenschaften schätzen Sie an einem Menschen besonders?
Aufrichtigkeit, Loyalität, Humor und gesunden Sarkasmus

Welche Reform war ein wirklicher Fortschritt?
Wahlrecht für Frauen

Freiheit bedeutet für mich ...
selber entscheiden zu können, wie, was, wann und wo ich arbeite.

Wenn ich an mein KAS-Stipendium denke ...
erinnere ich mich an eine unbeschwerte Zeit und an die großartigen, völlig unterschiedlichen Menschen, denen ich auf Seminaren begegnen konnte.

Für die nächsten 50 Jahre wünsche ich der KAS-Begabtenförderung ...
ein gutes Händchen bei der Auswahl der Stipendiaten und Stipendiatinnen.

Wenn ich an Deutschland denke ...
bin ich jeden Tag dankbar für die Sicherheit und den Wohlstand, den wir im Vergleich zu anderen Regionen dieser Erde erfahren dürfen.

Bülent Arslan | Politikberater

Stipendiat 1995 bis 2000

Geboren 1975 in der Türkei

Studium der Wirtschaftswissenschaften an der Universität Duisburg und der International Business School in Arnhem, Niederlande

Von 1997 bis 2014 Vorsitzender des Deutsch-Türkischen Forums der CDU Nordrhein-Westfalen

Von 1999 bis 2012 Mitglied des Landesvorstands der CDU Nordrhein-Westfalen

Von 2002 bis heute Geschäftsführer der imap GmbH – Institut für interkulturelle Management- und Politikberatung

2002 und 2005 Kandidatur für den Deutschen Bundestag

„Stetige Veränderung, Vielfalt und Internationalität"

Wie lautet Ihr Lebensmotto?
Der Lösung ist es egal, warum ein Problem entstanden ist.

An was glauben Sie?
An Allah und an die Beständigkeit von Veränderungen

Welche Eigenschaften schätzen Sie an einem Menschen besonders?
Anpassungsfähigkeit, Ehrlichkeit, Offenheit, Authentizität

Welche Reform war ein wirklicher Fortschritt?
Agenda 2010

Freiheit bedeutet für mich …
neue Perspektiven zu erlangen.

Wenn ich an mein KAS-Stipendium denke …
denke ich an tolle Begegnungen (insbesondere im Schloss Eichholz).

Für die nächsten 50 Jahre wünsche ich der KAS-Begabtenförderung …
stetige Veränderung, Vielfalt und Internationalität.

Wenn ich an Deutschland denke …
fühle ich Dankbarkeit für die Chancen, die mir dieses Land ermöglicht hat.

Felicitas Kazani

Lehrerin

Stipendiatin 1997 bis 2001

Geboren 1975 in Bochum

Auslandsjahr in Bethlehem, Pennsylvania, USA

Von 1993 bis 1995 Freie Mitarbeit bei den „Ruhr Nachrichten", Bochum

Studium der Fächer Deutsch und Englisch für das Lehramt sowie Musik und Japanisch fürs Herz (in Mainz, Birmingham und Münster)

Von 2000 bis 2002 Studentische Hilfskraft an der Westfälischen Wilhelms-Universität Münster (SFB 496; Institut für Frühmittelalterforschung)

Seit 2005 Lehrerin am Gymnasium Laurentianum, Arnsberg

Interessen: interdisziplinär

„Verbuddele Talente, die dir anvertraut sind, nicht in der Erde."

Wie lautet Ihr Lebensmotto?
Verbuddele Talente, die dir anvertraut sind, nicht in der Erde. Riskiere, etwas damit und daraus zu machen. (Frei nach Matthäus 25,14–30)

An was glauben Sie?
Wer Gott, dem Allerhöchsten, traut,
Der hat auf keinen Sand gebaut.
(Georg Neumark; J. S. Bach)

Welche Eigenschaften schätzen Sie an einem Menschen besonders?
Humor, Loyalität, Courage, Lebensfreude

Welche Reform war ein wirklicher Fortschritt?
Die (Wohl-)Temperierung der Stimmung – nicht nur mit Blick auf das Klavier

Freiheit bedeutet für mich …
ein unverzichtbares, kostbares, niemals selbstverständliches Gut, dessen Erhalt im Kleinen und Großen nur durch behutsame, rücksichtsvolle Nutzung gelingt. Und durch den Willen, es zu verteidigen. Täglich.

Wenn ich an mein KAS-Stipendium denke …
fallen mir unmittelbar einige meiner heute engsten Freunde ein. Hochinteressante Seminare in drei Koffergrößen- bzw. Lektüregewichtsordnungen. Gemütserhitzende Kellerveranstaltungen in Wendgräben. Eichholzer Schmalzbrot um zwei Uhr morgens. Tausend Dinge. In der Summe: unschätzbare Erfahrungen, die mein Leben heute nicht nur als Erinnerung prägen.

Für die nächsten 50 Jahre wünsche ich der KAS-Begabtenförderung …
Wetterfestigkeit, fortwährendes Anglerglück.

Wenn ich an Deutschland denke …
bin ich dankbar, hier zu Hause zu sein.

Lauri Mälksoo

Professor für Völkerrecht

Stipendiat 2000 bis 2002

Geboren 1975 in Viljandi (Fellin), Estland

Jurastudium an der Universität Tartu (Dorpat); Gaststudent in Göttingen; LL.M. Georgetown University, Washington, D.C.

Promotion Humboldt-Universität zu Berlin

Von 2004 bis 2005 Postdoc, New York University School of Law

Von 2006 bis 2007 Postdoc, Universität Tokyo

Seit 2009 Professor für Völkerrecht, Universität Tartu

Von 2009 bis 2014 Grant des European Research Council (ERC) für die Erforschung Russlands und des Völkerrechts

2014 Jüngstes Mitglied der Estnischen Akademie der Wissenschaften; dabei der einzige Jurist

Seit 2014 Direktor Estnisches Institut für auswärtige Angelegenheiten (Think-Tank in Tallinn)

> „An sich selbst und den eigenen Nutzen denken, das kann jeder; das finde ich langweilig."

Wie lautet Ihr Lebensmotto?
Fortiter in re, suaviter in modo.

An was glauben Sie?
Dass man mit dem guten Willen – metaphorisch gesagt – Berge bewegen kann.

Welche Eigenschaften schätzen Sie an einem Menschen besonders?
Ich schätze Talent und verzeihe manchmal auch schlechtere Eigenschaften bei einem Menschen, der talentiert ist. Außerdem, die Menschen, die bereit sind für etwas ‚Größeres' zu stehen, auch sich dafür zu opfern, wenn nötig, sind für mich wesentlich interessanter und sympathischer als diejenigen, die vor allem an sich selbst und den eigenen Nutzen denken. Das kann jeder; das finde ich langweilig.

Welche Reform war ein wirklicher Fortschritt?
Die Anerkennung des Rechts der Selbstbestimmung der Völker (Woodrow Wilson u. a.). Allerdings wird dieses Recht heutzutage manchmal wieder in die Frage gestellt.

Freiheit bedeutet für mich ...
nicht in der Lüge zu leben (Solschenizyn). Insofern ist Freiheit keine Selbstverständlichkeit; es gibt viele Lügen um uns herum – und manche, die an sie glauben.

Wenn ich an mein KAS-Stipendium denke ...
denke ich an Berlin, die Humboldt-Universität, den fantastischen damaligen Leiter der Ausländerförderung Dr. Detlev Preuße und viele schöne Momente bei den KAS-Seminaren.

Für die nächsten 50 Jahre wünsche ich der KAS-Begabtenförderung ...
dass sie weiter besteht und immer gute Entscheidungen trifft. Es ist eine große Verantwortung für die Zukunft, diejenigen herauszufinden, die es wert sind, unterstützt zu werden, die auch später zurückgeben werden.

Wenn ich an Deutschland denke ...
denke ich an meine Großmutter Astrid Pommer (geb. 1927), die in der Sowjetzeit in Estland Deutsch gelehrt hat – an der Universität Tartu und später auch an einigen Schulen. Für sie ist und war Deutschland auch in den dunkelsten Zeiten die zweite kulturelle Heimat – neben Estland selbst natürlich – und sie hat es mir schon als Schuljunge beigebracht, Deutschland und Deutsch zu lieben.

Christian Karl Brinkmann

Facharzt für Augenheilkunde
und ärztliches Qualitätsmanagement

Stipendiat 2003 bis 2005

Geboren 1980 in Osnabrück.
Evangelisch-lutherisch. Ärztefamilie

1997 Bundestagsstipendiat in Kalifornien
während der Schulzeit

Studium der Medizin an der Universität
Leipzig (sowie in Neuseeland, Südafrika und
der Schweiz). Promotion (Makulapigment)

Bis 2009 Inselspital Bern, Schweiz,
Augenheilkunde

Seit 2009 Universitäts-Augenklinik Bonn,
Schwerpunkt Glaukom

> „Freiheit: Ohne Handyempfang im Segelboot das Spiel der Wellen zu genießen."

Wie lautet Ihr Lebensmotto?
Quidquid agis, prudenter agas et respice finem: Überlegt und umsichtig zu handeln gegenüber meinen Mitmenschen, meiner Umwelt und mir selbst – dabei besonnen und gelassen zu bleiben.

An was glauben Sie?
Die unerschütterliche Durchsetzungskraft des guten Willens auf Grundlage des christlichen Wertekanons im Großen wie im Kleinen

Welche Eigenschaften schätzen Sie an einem Menschen besonders?
Aufgeschlossenheit, Aufrichtigkeit und Authentizität mit einer Prise Humor

Welche Reform war ein wirklicher Fortschritt?
Die Reformation durch Martin Luther, die aus dem Mittelalter in die Aufklärung führte. Dies begründete erst das freiheitliche und dem Gewissen verpflichtete Denken und die klare Meinungsäußerung.

Freiheit bedeutet für mich ...
frei zu sein von äußeren Zwängen, die Wahlmöglichkeiten und Entwicklungsoptionen einschränken. Aber auch: ohne Handyempfang im Segelboot auf dem Meer das Spiel der Wellen, des Wetters und des Windes zu genießen und zu nutzen.

Wenn ich an mein KAS-Stipendium denke ...
fallen mir intensiver Austausch, Begegnungen und lehrreiche Erfahrungen in meiner Gruppe in Leipzig und an außergewöhnlichen Orten ein. Die Abende im Turmzimmer und Boccia am historischen Ort waren etwas Besonderes, wie auch meine erste medizinische Notfallversorgung während eines Seminares.

Für die nächsten 50 Jahre wünsche ich der KAS-Begabtenförderung ...
die Aufgabe, Aufgeschlossenheit, Kreativität und Bereitschaft zum Dialog als Beitrag zur Bildung von verantwortungsbewussten Persönlichkeiten (auch von Berlin aus) kontinuierlich fortzusetzen.

Wenn ich an Deutschland denke ...
denke ich an wunderschöne Landschaften, geschichtsträchtige Orte, vielfältigste kulturelle Angebote und Küche, an meine Familie, gute Freunde, das Vertraute, was für mich Heimat bedeutet. Sauerbraten oder Schwarzbrot, ein Spaziergang im deutschen Wald, der Besuch eines Gottesdienstes, eines Konzerts. Uns geht es gut in Deutschland. Aufgrund unserer Geschichte, Lage und Leistung tragen wir Verantwortung für ein friedvolles Miteinander in der Welt.

2005 bis 2015 ·····

Marwan Abou Taam | LKA-Mitarbeiter

Stipendiat 2003 bis 2006

Geboren 1975 in Beirut, Libanon

Studium der Politikwissenschaft, Volkswirtschaftslehre und Islamwissenschaften in Göttingen, Aix-en-Provence und Beirut

Promotion in Göttingen über die Auswirkungen des internationalen Terrorismus auf die deutsche Sicherheitspolitik

Mitarbeiter des Landeskriminalamts Rheinland-Pfalz und assoziierter Wissenschaftler am Berliner Institut für empirische Integrations- und Migrationsforschung (BIM) an der Humboldt-Universität zu Berlin mit dem Forschungsschwerpunkt Radikalisierungsmechanismen und De-Radikalisierungsstrategien in muslimischen Milieus

„Die Tradition bewahren und den Fortschritt wagen!"

Wie lautet Ihr Lebensmotto?
Habe Mut, dich deines eigenen Verstandes zu bedienen. (Kant)

An was glauben Sie?
An das Gute im Menschen

Welche Eigenschaften schätzen Sie an einem Menschen besonders?
Aufgeschlossenheit, Ehrlichkeit und die Fähigkeit, Fehler einzugestehen

Welche Reform war ein wirklicher Fortschritt?
Die Staatsbürgerschaftsreform

Freiheit bedeutet für mich ...
Mensch sein bedeutet frei sein, denn der Mensch ist zur Freiheit verurteilt.

Wenn ich an mein KAS-Stipendium denke ...
möchte ich gerne wieder Stipendiat sein.

Für die nächsten 50 Jahre wünsche ich der KAS-Begabtenförderung ...
die Tradition bewahren und den Fortschritt wagen!

Wenn ich an Deutschland denke ...
bin ich zuversichtlich, dass Deutschland sich neu schafft.

Andreas Winiarski

Unternehmenssprecher, Gründer

Stipendiat 2002 bis 2007

Geboren 1978 in Brandenburg an der Havel

Studium der Betriebswirtschaftslehre, Berufsakademie Berlin, BA-Student Schering AG

Von 2002 bis 2007 Magisterstudium Publizistik, Neuere Geschichte und Politikwissenschaft, Freie Universität Berlin

Von 2007 bis 2010 Unternehmenskommunikation Axel Springer AG

Von 2010 bis 2012 „BILD"-Chefredaktion

Seit 2012 Senior Vice President Global Communications, Rocket Internet AG

Seit 2015 Gründer und Geschäftsführer von RCKT. Rocket Communications

„Der Freiheitsgedanke ist meine oberste Handlungsmaxime."

Wie lautet Ihr Lebensmotto?
Die Wahrheit liegt immer in der Mitte. Mit einer konsensualen Haltung fährt man vielleicht nicht immer kurzfristig am besten, aber auf jeden Fall mittel- bis langfristig.

An was glauben Sie?
An das Gute im Menschen. An ein Zusammenleben, wie es uns die Bibel lehrt. Daran, dass alles stets im Wandel ist.

Welche Eigenschaften schätzen Sie an einem Menschen besonders?
Ehrlichkeit, Zuverlässigkeit, Verantwortungsbewusstsein, Mut – kurzum ein starkes Ethos

Welche Reform war ein wirklicher Fortschritt?
Die Agenda 2010. Außerhalb der Tagespolitik die Wiedervereinigung und der europäische Einigungsprozess.

Freiheit bedeutet für mich …
alles. Aus dem Osten Deutschlands kommend, stand ich als Kind vor dem fünf Meter hohen Grenzzaun am Potsdamer Schloss Cecilienhof. Ich fragte mich, warum meine Welt genau hier enden soll. Die Freiheit, die mir dann am 3. Oktober 1990 gegeben wurde, empfinde ich bis heute als das größte Geschenk. Und um Freiheit geht es nicht nur in den großen, sondern tagtäglich in den kleinen Dingen. Der Freiheitsgedanke ist meine oberste Handlungsmaxime.

Wenn ich an mein KAS-Stipendium denke …
bin ich dankbar. In meiner Bewerbung schrieb ich einst, dass das Stipendium für mich lebenslange Förderung und Forderung wäre. Und so ist es: Die finanzielle Förderung ist lange vorbei, aber die ideelle bleibt. Und der Forderung, etwas zurückzugeben, komme ich nun gerne und oft nach.

Für die nächsten 50 Jahre wünsche ich der KAS-Begabtenförderung …
weiterhin die besten Köpfe. Dass sie stets mit der Zeit geht. Und dass auch nach dem Umzug nach Berlin junge Stipendiaten weiterhin in das Rhöndorfer Adenauer-Haus fahren können.

Wenn ich an Deutschland denke …
verspüre ich Stolz, aber auch Sorge. Stolz, weil Deutschland vielleicht nicht immer das beste Wetter hat, aber ansonsten hier eigentlich alles Weltklasse ist. Sorge, weil wir die Digitalisierung als Gefahr statt als Chance begreifen. Dabei revolutioniert sie jeden Lebens- und Wirtschaftsbereich.

Kristin Junga

Leiterin Arbeitsstelle Ehrenamt

Stipendiatin 2007 bis 2010

Geboren 1979 in Wolfsburg

Studium der Philosophie und Germanistik, Carl von Ossietzky Universität, Oldenburg

2011 Promotion „Wissen – Glauben – Bilden. Ein bildungsphilosophischer Blick auf Kant, Schleiermacher und Wilhelm von Humboldt"

Bis 2014 Referentin für Ehrenamt und bürgerschaftliches Engagement, Institut für Kirche und Gesellschaft

Seit 2014 Leiterin der Arbeitsstelle Ehrenamt der Nordkirche

„Das lebendige Geben und Nehmen von Kompetenzen in einem starken Netzwerk"

Wie lautet Ihr Lebensmotto?
Alles ist möglich, dem der glaubt. (Markus 9, 23)

An was glauben Sie?
Den dreieinigen Gott, das Gute im Menschen und daran, dass Engagement Menschen bildet

Welche Eigenschaften schätzen Sie an einem Menschen besonders?
Leidenschaft und Neugier, Hartnäckigkeit und Lebensfreude, Demut und Mitmenschlichkeit, Freundlichkeit und Geduld

Welche Reform war ein wirklicher Fortschritt?
Die Reform des Ehe- und Familienrechts mit dem ersten Gesetz von 1976. Sie ermöglichte eine partnerschaftliche Ehe und verabschiedete die gesetzlichen Vorschriften für Frauen als Hausfrauen und Männer als Versorger. Mein Vater hätte meiner Mutter noch die Arbeit verbieten können. Die Freiheit, Partnerschaft zu gestalten, ist seitdem in jeder Familiengründung eine Herausforderung – und wird es bleiben.

Freiheit bedeutet für mich ...
mutig Neues zu probieren, Verantwortung aktiv wahrzunehmen und im Blick auf die Wahlmöglichkeiten unserer Zeit handlungsfähig zu bleiben.

Wenn ich an mein KAS-Stipendium denke ...
erinnere ich mich an facettenreiche Menschen, erfüllende Begegnungen, lauschige Sommerabende am Comer See und die weltbesten Profiteroles.

Für die nächsten 50 Jahre wünsche ich der KAS-Begabtenförderung ...
einen guten Blick für das, was in Menschen steckt, für das lebendige Geben und Nehmen von Kompetenzen in einem starken Netzwerk und Visionen für das, was Bildung in die nächsten 50 Jahre trägt.

Wenn ich an Deutschland denke ...
blicke ich auf Hoffmann von Fallersleben, den Dichter der Nationalhymne, der in meiner Heimatstadt geboren wurde, auf Wilhelm von Humboldt, der als Mitgestalter der Deutschen Klassik um 1800 die Herausforderungen guter Bildung in den Blick nahm, und auf Heinrich Heine, der im Gartenhäuschen nächtigte, in das ich aus meinem Fenster schaue, wenn ich nachts nicht schlafen kann.

Stipendiatin 2007 bis 2010

Geboren 1981 im Mumbai, Indien

2004 Magister Artium an der Universität Pune, Indien

2010 Promotion zur deutschsprachigen Reiseliteratur in Indien an der Universität Freiburg. Erschienen 2011 unter dem Titel „Indien erzählen. Eine Studie zur deutschsprachigen Reiseliteratur"

2011 Auszeichnung mit dem erstmals vergebenen Jakob- und Wilhelm-Grimm-Förderpreis des Deutschen Akademischen Austauschdienstes

Seit 2012 Assistant Professor an der Central University of Gujarat, Indien

Forschungsinteressen: deutsch-indischer Kulturkontakt

Mehrjährige Ausbildung in klassischer indischer Gesangskunst. Spielte als Stipendiatin mehrere CDs in Deutschland mit klassisch indischem Tarana-Gesang, Debasish Bhattacharjee (Tabla) und Gitarre ein.

Anushka Gokhale

Hochschullehrerin

„Freiheit: das Vorhandensein einer Öffentlichkeit, in der Dialog und Kritik möglich ist."

Wie lautet Ihr Lebensmotto?
Leben und leben lassen

An was glauben Sie?
Das Gute im Menschen

Welche Eigenschaften schätzen Sie an einem Menschen besonders?
Die Fähigkeit zur Selbstkritik

Welche Reform war ein wirklicher Fortschritt?
Die bedeutendste Reform der letzten Zeit in Indien war die Öffnung der indischen Märkte für die kapitalistische Weltwirtschaft Anfang der 1990er Jahre. Sie hat aber nicht alle Menschen aus dem Teufelskreis der Armut befreit. In dieser Hinsicht scheint mir eher die 2005 in Kraft getretene „Right to Information"-Reform ein wichtiger Schritt zur Demokratisierung der indischen Gesellschaft zu sein. Sie hat es dem einfachen Bürger ermöglicht, Zugang zu Informationen zu erhalten, deren Vermittlung die Medien nicht interessiert, weil sie wie der Staat zu sehr mit dem Markt verflochten sind.

Freiheit bedeutet für mich ...
das Vorhandensein einer Öffentlichkeit, in der Dialog und Kritik möglich ist.

Wenn ich an mein KAS-Stipendium denke ...
fällt mir das Grundseminar in Wesseling ein, und hier vor allem die interessanten Diskussionen zur deutschen Geschichte. Weiterhin ist mir das Seminar in München am Deutschen Museum besonders in Erinnerung geblieben. Die vielen Stipendiatentreffen waren auch sehr nett und anregend, da man sich mit Studenten außerhalb des eigenen Studienfachs austauschen konnte.

Für die nächsten 50 Jahre wünsche ich der KAS-Begabtenförderung ...
dass die KAS weiterhin mehrere ausländische Studenten in ihr Programm aufnimmt. Es wäre auch spannend gewesen, wenn es mehr Austausch mit den deutschen Stipendiaten gegeben hätte.

Wenn ich an Deutschland denke ...
tauchen die für das Leben gewonnenen Freundschaften, die tollen Bibliotheken und die schönen Landschaften in meinem Kopf auf. Ich mache mir aber auch große Sorgen vor dem Hintergrund des Aufstiegs rechten Gedankenguts im heutigen Deutschland und hoffe sehr, dass die Deutschen ihre Weltoffenheit beibehalten und dem Erbe der Aufklärung gerecht werden.

Anke Bastrop

Germanistin und Autorin

Stipendiatin seit 2014

Geboren 1982 in Halle (Saale).
Verheiratet, zwei Töchter

Von 2000 bis 2003 Ausbildung zur
Buchhändlerin

Von 2003 bis 2011 Magisterstudium der
Germanistik und Journalistik, Universität
Leipzig. Künstlerischer Diplomstudiengang,
Deutsches Literaturinstitut Leipzig

Seit 2013 Promotion, Neuere und Neueste
Literaturwissenschaft

Mitherausgeberschaft von Anthologien.
Veröffentlichungen in Sammelbänden,
Rundfunk, Literaturzeitschriften.
Einzelveröffentlichung: Pyrit (Gedichte) 2013

> „Als Mensch unserer Zeit denke ich,
> dass die eigentlichen Reformen noch vor uns liegen."

Wie lautet Ihr Lebensmotto?
Ich bin zu lebendig für Lebensmottos. Aber ich glaube, etwas wie „Mehr ist mehr" könnte eines sein, das zu mir gehört. Oder: Alles ist eine Frage des Willens. Außerdem kann ich nichts angehen, das nicht meine volle Liebe und Begeisterung hat. Ich bin wohl ein sehr passionierter Mensch.

An was glauben Sie?
Ich glaube an den unberechenbaren, eigensinnigen, querschießenden, selbstbestimmten und eigenverantwortlichen, den überbordenden Menschen. Und ich glaube an Gott. Was das heißt, heute oder morgen, darüber bin ich in einem fortdauernden Zwiegespräch mit mir selbst.

Welche Eigenschaften schätzen Sie an einem Menschen besonders?
Achtsamkeit, Sensibilität, unangepasstes Denken

Welche Reform war ein wirklicher Fortschritt?
Als Mensch unserer Zeit denke ich, dass die eigentlichen Reformen noch vor uns liegen.

Freiheit bedeutet für mich ...
wirklich die Wahl zu haben, jederzeit. Die Voraussetzung dafür wäre, dass die Freiheit von einer Gesellschaft geschätzt und erwünscht ist.

Wenn ich an mein KAS-Stipendium denke ...
denke ich, dass ich mich noch nicht daran gewöhnt habe, unter ideell wie materiell gesicherteren Umständen arbeiten zu können, wie ich es als Freiberufliche jemals können werde.

Für die nächsten 50 Jahre wünsche ich der KAS-Begabtenförderung ...
herausfordernde Stipendiaten.

Wenn ich an Deutschland denke ...
Ich lasse mich lieber von den Erzählungen Einzelner gefangen nehmen als von einem Begriff. 1989 war ich sieben Jahre alt und lebte mit meiner Familie im heutigen Bundesland Mecklenburg-Vorpommern. Ich bin meiner eigenen Geschichte noch nicht begegnet. Der Begriff „Deutschland" ist noch nicht mit etwas gefüllt, das ich fühlen kann.

Nadine Schön

Mitglied des Deutschen Bundestages

- Stipendiatin 2002 bis 2006
- Geboren 1983. Verheiratet, ein Kind
- Von 2002 bis 2006 Studium der Rechtswissenschaften (1. Juristisches Staatsexamen) sowie studienbegleitende journalistische Ausbildung
- Von 2004 bis 2009 Mitglied des Saarländischen Landtages
- Seit 2009 Mitglied des Deutschen Bundestages
- Seit 2014 Stellvertretende Vorsitzende der CDU/CSU-Bundestagsfraktion für „Familie, Senioren, Frauen, Jugend" und „Digitale Agenda"

> „Die Fähigkeit, sich und andere immer wieder zu überraschen und mit guten Themen zu überzeugen."

Wie lautet Ihr Lebensmotto?
Es ist besser, ein kleines Licht anzuzünden, statt über die Dunkelheit zu klagen.

An was glauben Sie?
Dass alles seinen Sinn hat, auch wenn wir ihn nicht immer sehen und verstehen.

Welche Eigenschaften schätzen Sie an einem Menschen besonders?
Ehrlichkeit, Wertschätzung gegenüber anderen, Optimismus

Welche Reform war ein wirklicher Fortschritt?
Die Einführung des Elterngeldes mit den Partnermonaten

Freiheit bedeutet für mich ...
Verantwortung im Respekt vor der Freiheit anderer zu handeln.

Wenn ich an mein KAS-Stipendium denke ...
weiß ich, dass die Bewerbung bei der Journalistischen Nachwuchsförderung eine der besten und wichtigsten Entscheidungen in meinem Leben war.

Für die nächsten 50 Jahre wünsche ich der KAS-Begabtenförderung ...
viele interessierte Stipendiaten sowie die Offenheit und Fähigkeit, sich und andere immer wieder zu überraschen und mit guten Themen und Angeboten zu überzeugen.

Wenn ich an Deutschland denke ...
denke ich an Innovationen, Weltoffenheit und Verantwortung und hoffe, dass wir genau das einsetzen, um im globalen Kontext auch morgen noch erfolgreich zu sein.

Julia Scheffler

Referentin im Landtag

Stipendiatin 2004 bis 2009

Geboren 1984 in Burg, Sachsen-Anhalt

2005 Auslandssemester in Prag

Von 2006 bis 2007 Berufs-Kolleg für Internationale Politik und Wirtschaft der Konrad-Adenauer-Stiftung

2007 Abschluss European Studies (B.A.)

2009 Abschluss Management (M.sc.)

2010 Service- und Projektmanagement, IHK Magdeburg

Seit 2012 Referentin, CDU-Landtagsfraktion Sachsen-Anhalt

Seit 1998 Mitglied Junge Union, derzeit Landesvorsitzende Junge Union Sachsen-Anhalt

„Freiheit – Lebenselixier selbstbestimmter Individuen"

Wie lautet Ihr Lebensmotto?
Alles ist relativ.
Wir alle sind Narren, es hat keiner das Recht, einem andern seine eigentümliche Narrheit aufzudringen. – Jeder muss in seiner Art genießen können, jedoch so, dass keiner auf Unkosten eines andern genießen oder ihn in seinem eigentümlichen Genuss stören darf. (Georg Büchner)

An was glauben Sie?
An die Fähigkeit des Menschen dank des göttlichen Funkens mit unerschütterlicher Hoffnung über sich selbst hinaus wachsen zu können

Welche Eigenschaften schätzen Sie an einem Menschen besonders?
Aufrichtigkeit, Aufgeschlossenheit, Sensibilität, Standhaftigkeit, Wahrhaftigkeit

Welche Reform war ein wirklicher Fortschritt?
Die Reform-ation, das lässt sich auch nach 500 Jahren konstatieren. Reform heißt wörtlich zurück („re-")/Wiederherstellung/Gestaltung, daher ist es nicht verwunderlich, dass nur wenige Reformen wirklichen Fortschritt bedeuteten.

Freiheit bedeutet für mich ...
ein universelles Menschenrecht und Voraussetzung für Weiterentwicklung; Lebenselixier selbstbestimmter Individuen; jeden Tag eine neue Erfahrung machen zu können und dadurch jeden Tag auch etwas anderes.

Wenn ich an mein KAS-Stipendium denke ...
bin ich sehr dankbar für die exzellente und umfangreiche Förderung und das damit mir entgegengebrachte Vertrauen. Ich bin glücklich, dass ich so viele Eindrücke und Erfahrungen durch die KAS gewinnen, mich selbst weiterentwickeln und viele Menschen kennen lernen durfte.

Für die nächsten 50 Jahre wünsche ich der KAS-Begabtenförderung ...
eine weiterhin nachhaltige Entwicklung; immer ausreichend Ressourcen; viele geeignete und motivierte Stipendiaten.

Wenn ich an Deutschland denke ...
fühle ich Verantwortung für die Zukunft und dafür, dass die Vergangenheit nicht vergessen werden darf; bin ich stolz und glücklich hier leben zu dürfen und gleichzeitig nachdenklich; treibt mich eine Sorge um dessen Zukunft an, mich weiter für Mitmenschen einzubringen.

Anja Sievers | Theologin, Pastorin

Stipendiatin 2008 bis 2011

Geboren 1984 in Wolfenbüttel

Von 2005 bis 2011 Studium an der Georg-August-Universität, Göttingen: Evangelische Theologie, Agrarwissenschaften, Pferdewissenschaften

2011 University of Guelph, Kemptville Campus (Forschungs- und Lehraufenthalt, gefördert und ermöglicht durch die KAS-Begabtenförderung)

Von 2011 bis 2014 Vikarin der Braunschweigischen Landeskirche in Goslar

Seit 2014 Pastorin a. Pr. der Evangelisch-lutherischen Landeskirche Hannovers

> „Gott hilft uns nicht am Leiden vorbei, aber er hilft uns hindurch."

Wie lautet Ihr Lebensmotto?
Gott hilft uns nicht am Leiden vorbei, aber er hilft uns hindurch.

An was glauben Sie?
An einen Gott, der mich lenkt und leitet und sich eines Tages als der unendlich Gnädige erweisen wird.

Welche Eigenschaften schätzen Sie an einem Menschen besonders?
Ehrlichkeit und Durchhaltevermögen

Welche Reform war ein wirklicher Fortschritt?
Die Aufklärung

Freiheit bedeutet für mich ...
sich von Gott gehalten zu wissen. Die wirklich wichtigen Entscheidungen im Leben fällt er. Ich darf mich einfach darauf einlassen. Er sorgt für mich wie ein Vater es tut, der sein Kind liebt und dafür nichts einfordert.

Wenn ich an mein KAS-Stipendium denke ...
denke ich an spannende Menschen.

Für die nächsten 50 Jahre wünsche ich der KAS-Begabtenförderung ...
dass sie weiterhin durch Seminare und Begegnungen – und die finanzielle Förderung – Geschichte schreibt im Leben junger Menschen!

Wenn ich an Deutschland denke ...
denke ich an Bürokratie, Ordnung, Pünktlichkeit und an ein Land, das landschaftlich unglaubliche Varianten zu bieten hat.

Leila Maxhuni

Juristin

Stipendiatin 2008 bis 2014

Geboren 1989 in Pristina, Kosovo

2008 Abitur in Hamburg

Von 2006 bis 2008 Sprecherin der Stipendiaten der Start Stiftung e.V. in Hamburg

Seit 2008 Wissenschaftliche Mitarbeiterin eines Mitglieds der Hamburger Bürgerschaft

Von 2008 bis 2014 Studium der Rechtswissenschaft, Universität Hamburg. Abschluss 1. Juristisches Staatsexamen

Seit 2014 Rechtsreferendariat in Hamburg

„Wenn ich an Deutschland denke, bin ich zu Hause."

Wie lautet Ihr Lebensmotto?
Das Leben ist für mich zu vielseitig, als dass ich es in ein Motto pressen kann.

An was glauben Sie?
Freiheit

Welche Eigenschaften schätzen Sie an einem Menschen besonders?
Ehrlichkeit, Fleiß, Hilfsbereitschaft, Humor

Welche Reform war ein wirklicher Fortschritt?
Die Schuldrechtsmodernisierung

Freiheit bedeutet für mich …
Verantwortung.

Wenn ich an mein KAS-Stipendium denke …
empfinde ich Freude, Nostalgie und Dankbarkeit.

Für die nächsten 50 Jahre wünsche ich der KAS-Begabtenförderung …
viele kluge Köpfe und alles Gute.

Wenn ich an Deutschland denke …
bin ich zu Hause.

Bildnachweis

S. 5: Europäisches Parlament/Konrad-Adenauer-Stiftung e.V.

1965 bis 1975

S. 6: Privatarchiv C. Wolfgang Vogel, Privatarchiv Gerd-Dieter Fischer, Privatarchiv Detlev Preuße/Harald Odehnal/ Konrad-Adenauer-Stiftung e.V., Privatarchiv Dirk Förger

S. 7: Konrad-Adenauer-Stiftung e.V. (3), Victor Hedwig

S. 14: Thomas Effinger

S. 16: Privatarchiv Esteban Tomic

S. 18: Privatarchiv Ursula Männle, Hanns-Seidel-Stiftung/ Thomas Plettenberg

S. 20: Privatarchiv Adelaide Stronk

S. 22: Privatarchiv Hermann Kues, Frank Ossenbrink

S. 24: Privatarchiv Ottheinrich von Weitershausen

S. 26: Privatarchiv Joachim von Braun, Zentrum für Entwicklungsforschung/Universität Bonn

S. 28: Privatarchiv Regina Görner, IG Metall

S. 30: Bundesverfassungsgericht/Klaus Lorenz Fotodesign

S. 32: Privatarchiv Monika Stolz

1975 bis 1985

S. 36: Privatarchiv Ki-Su Lee

S. 38: Privatarchiv Rafael Seligmann

S. 40: Privatarchiv Susanne Langguth

S. 42: Privatarchiv Beate Neuss, Harald Odehnal/ Konrad-Adenauer-Stiftung e.V.

S. 44: Privatarchiv Thomas de Maizière, Henning Schacht

S. 46: Privatarchiv Manfred Lütz, Jana Kay

S. 48: Bundesregierung/Steffen Kugler

S. 50: Privatarchiv Annette Schavan, Laurence Chaperon

S. 52: Privatarchiv Anka Zink

S. 54: Privatarchiv Christian Schmidt, BMEL/photothek.net/ Thomas Köhler

S. 56: Privatarchiv Peter Altmaier, Bundesregierung/ Jesco Denzel/Steffen Kugler

1985 bis 1995

S. 60: Privatarchiv Kazimierz Wóycicki, Paweł Kwiek

S. 62: Privatarchiv Jürgen Osterhage

S. 64: Privatarchiv Hans-Joachim Fuchs

S. 66: Privatarchiv Hüseyin Bağci

S. 68: Laurence Chaperon

S. 70: Privatarchiv Monika Grütters, Markus Wächter

S. 72: Bernd Schuller/Max-Planck-Institut für Biophysikalische Chemie

S. 74: Privatarchiv Marion Ackermann, Michael Jäger, Düsseldorf

S. 76: Privatarchiv Verena Blechinger-Talcott, Bernd Wannenmacher/PKI FU Berlin

S. 78: Privatarchiv Elmar Theveßen

1995 bis 2005

S. 82: Privatarchiv Ali Diomandé

S. 84: Privatarchiv Silvana Krause

S. 86: Markus Kirchgessner

S. 88: Privatarchiv Nezaket Ekici, Nihad Nino Pušija

S. 90: Sabine Chamberlain, Mischa Blank

S. 92: Privatarchiv Natascha Zowislo-Grünewald, Wolf Heider-Sawall/Focus Magazin

S. 94: Privatarchiv Bülent Arslan

S. 96: Privatarchiv Felicitas Kazani

S. 98: Privatarchiv Lauri Mälksoo

S. 100: Privatarchiv Christian Karl Brinkmann, Universitätsklinikum Bonn/Unternehmenskommunikation und Medien

2005 bis 2015

S. 104: Privatarchiv Marwan Abou Taam

S. 106: Privatarchiv Andreas Winiarski

S. 108: Sven Seebergen/Foto und Bilderwerk, Christian Eggers/Nordbild

S. 110: Privatarchiv Anushka Gokhale

S. 112: Philine Sollmann, Björn Schönfeld

S. 114: Privatarchiv Nadine Schön, Tobias Koch/www.tobiaskoch.net

S. 116: Privatarchiv Julia Scheffler

S. 118: Privatarchiv Anja Sievers

S. 120: Privatarchiv Leila Maxhuni